をたずねて
○○年の歴史

立川武蔵
Tachikawa Musashi

a pilot of wisdom

目次

第一章　ブッダの一生

第二章　ブッダの面影と新しい仏

第一章　ブッダの一生

無憂樹
マーヤー夫人はアショーカ樹（無憂樹）の下でゴータマ・ブッダを産んだという。
バリ島にて

1　ブッダとは誰か――阿弥陀仏や大日如来も

仏教は約二千五百年前に北インドで誕生し、アジア諸国に伝播《でんぱ》した。日本には中央アジア、中国、朝鮮を通じて伝えられ、今日、日本文化の柱である。

仏教とは仏の教えのことであるが、「仏」は古代インドの言葉（サンスクリット、梵語《ぼんご》）では「ブッダ」という。この語が中国において「仏」と音写された。

「ブッダ」（buddha）は動詞「ブドゥ」（budh ＝目覚める）に由来する語であり、目覚めた人を意味する。「ブッダ」はむろん悟った後の名称だ。ちなみに「菩提《ぼだい》を弔う」の菩提《ボーディ》も同じ動詞からの派生語であり、元来は悟りのことであったが、今日では死者の霊を意味する。

ブッダは「シャカ・ムニ」（釈迦牟尼）とも呼ばれる。シャカとはブッダの属した氏族のことである。「ムニ」は元来、口数の少ない人を意味したが、転じて聖者をいう。したがって「シャカ・ムニ」は釈迦族の聖者を意味する。「シャーキャ・ムニ」（釈迦族出身の聖者）ともいわれる。「釈迦」も釈迦牟尼の意味で用いられる。

釈迦族はいくつかの氏族から成り立っていたが、ブッダの氏族はゴータマ（ガウタマ、「優れ

ブッダ像頭頂部。四面にブッダ像を配した仏塔の東面。
カトマンドゥのスワヤンブー寺院にて。9世紀頃

た牛」の意）であった。ブッダは氏族名から「ゴータマ」（氏族の者）と呼ばれた。

「ゴータマ・ブッダ」という名称は古い仏教文献には現れないが、今日では、しばしば用いられている。というのは、「ゴータマ」というのみでは、かの仏教の開祖を指すことは難しい。しかし、「ゴータマ・ブッダ」（ゴータマ氏族の覚者）といえば開祖を指すことができるからである。

「シッダールタ」（シッダ・アルタ）もブッダの成道《じょうどう》以前の名前として知られている。この名前は「目的《アルタ》を成し遂げた《シッダ》者」を意味する。ドイツの作家H・ヘッセの『シッダールタ』はよく知られている。

　しかし、この名称は紀元二世紀頃の『ブッダ・チャリタ』（ブッダの生涯）に初めて現れる。つまり、ブッダの死後、数百年の後に作られた名である。

　ところで、「ブッダ」（仏）はゴータマ・ブッダのみを指すのではなく、仏教史において登場するさまざまなブッダをも指す。浄土に住む阿弥陀仏《あみだぶつ》、マンダラ（曼荼羅《まんだら》、曼陀羅《まんだら》）の中央に坐《すわ》る大日如来《だいにちにょらい》などもブッダである。

　キリスト教の歴史において神のイメージや働きはさまざまであるが、「イエス」は二千年前のかの一人を指す。仏教において「ゴータマ・ブッダ」は一人の人物を指すが、「ブッダ」

（仏）という語の指す対象は実に多様だ。「ブッダ」は、キリスト教でいうならばイエスと神の両方にあたるものを指すといえよう。

仏教の歴史ではゴータマ・ブッダ以後に実にさまざまなブッダたちが登場した。しかし、このことはもちろん仏教の無節操な変節を意味しない。本書では、ブッダのイメージや働きの変容がむしろ仏教にとって必然的展開であったことを明らかにしたい。

2　インドの宗教史——誕生の地で亡んだ仏教

日本で「インド」というと「お釈迦さんの国」という答えが返ってくる。たしかにインドは釈迦が仏教を開いた国ではあるが、インド数千年の歴史の中で仏教が生きた十数世紀の時代はむしろ短い。紀元前四、五世紀に誕生した仏教は、インドで十三、四世紀に亡《ほろ》んでしまった。

インド宗教文化の歴史は六期に分けられる。第一期はインダス文明の時代（紀元前二五〇〇～紀元前一五〇〇年）。この第一期末に、アーリア人が西北インド（今日のパキスタン北部）に侵入し、彼らが後のインド文化の主役となった。このアーリア人を中心とするヴェーダの宗教（バラモン教）の時代（紀元前一五〇〇～紀元前五〇〇年）が第二期である。

第三期が仏教、ジャイナ教などの非アーリア系文化の時代（紀元前五〇〇～紀元六五〇年）、第四期がヴェーダの宗教と地方文化の総合であるヒンドゥー教の時代（六五〇～一二〇〇年）、第五期はイスラム教による政治的支配の時代（一二〇〇～一八五〇年）、第六期はヒンドゥー教復興の時代（一八五〇年～）である。

そのようにアーリア系文化と非アーリア系文化が交代するので、非アーリア系（第一、三、五期）を横線より下に、アーリア系（第二、四、六期）を上にとって図示すると、蛇行に似た曲線が得られる。

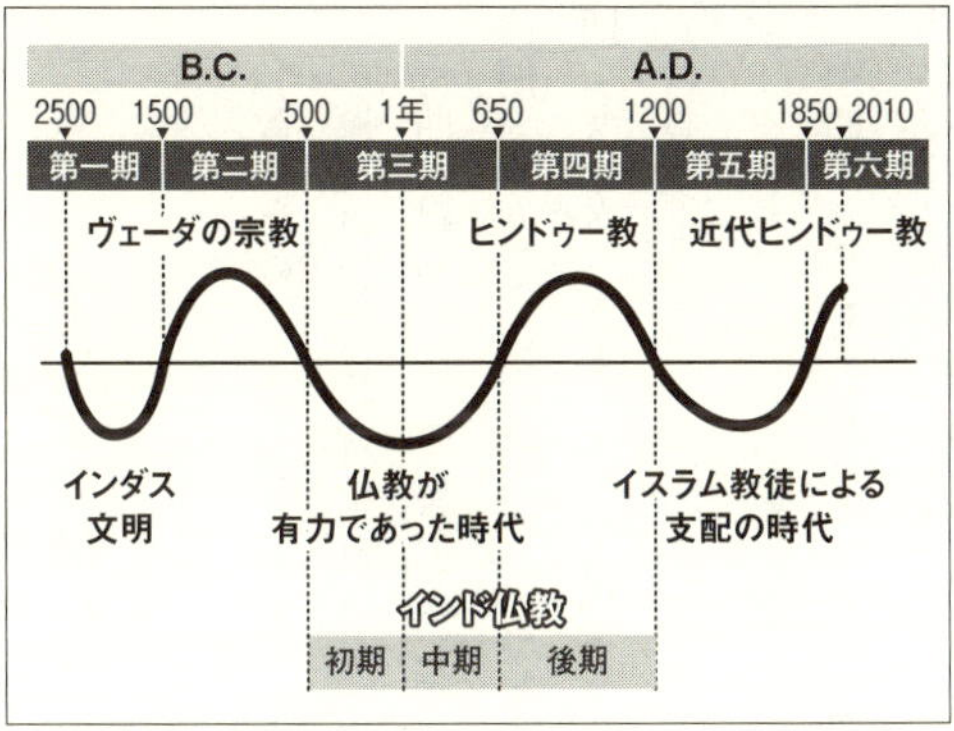

インド宗教文化の歴史

インド仏教は第三、四期においてのみインドで生きた。なぜ仏教は誕生の地インドで亡んだのか。イスラム教の侵入もその大きな原因ではあるが、仏教にはアーリア系文化の中で生き残ることのできない理由があった。

仏教徒たちは、アーリア系文化を支える僧侶《そうりょ》階級バラモンたちの聖典『ヴェーダ』の権威を認めなかったし、世界の創造主の存在も認めなかった。ヒンドゥー社会で基本的であった身分制度（ヴァルナ制度）にも属さなかった。

仏教は結局「母」なるインドから追い出されたが、「子」は「母」の知らぬ地へ歩み出た。このゆえにこそ今日、日本にも仏教が伝えられているのである。

3　インド仏教の歴史——七世紀以降、密教が勢力

仏教には約二千五百年の歴史があるが、インドでは千七、八百年間存在した。そのインド仏教の歴史は三期に分けられる。

初期（紀元前五、四世紀から紀元一世紀頃まで）、中期（紀元一世紀頃から六五〇年頃まで）および後期（六五〇年頃から十三、四世紀まで）である。初期仏教は出家僧たちによって構成された教団（サンガ）を中心として運営された。戒律を守って修行する僧たちは、信者たちから食事や衣の布施を受けた。この初期仏教のあり方は、今日スリランカ、タイなどに見られるテーラヴァーダ（長老の教え《テーラヴァーダ》）仏教に近い。

中期に入ると大乗（大きな乗り物《マハーヤーナ》）仏教が生まれた。初期仏教が基本的には出家僧一人ひとりの悟りを目指していたのに対して、大乗仏教は他の人々の救いをも視野に入れていた。

新しく台頭した大乗仏教は、自分たちの仏教の優位性を示すために、それまでの仏教つまり初期仏教を「小乗仏教」（正確には「劣った乗り物《ヒーナヤーナ》」）と呼んだ。むろん初期仏教の伝統を受けた者たちは、自分たちの仏教を小乗仏教とは呼ばなかった。今日、「小乗仏教」という名称は用

いられなくなっている。

　大乗仏教では阿弥陀仏が登場したが、この仏は「救い主」であり、ゴータマ・ブッダのように師ではなかった。日本の浄土真宗は、この大乗仏教の阿弥陀信仰に根ざしている。また、観《かん》音《のん》、文殊《もんじゅ》などの大勢の人を救う菩薩《ぼさつ》（仏になるべく修行を積む者）も生まれた。これらのほとけたちは中国などを経て日本に伝えられた。

　七世紀以降の後期大乗仏教では、論理学などの哲学的分野が発展した一方で、密教（タントリズム）が勢力を得た。密教は儀礼を重視した。例えば、古代ヴェーダの宗教のホーマ（護摩）儀礼を自らの修行の一方法として採用した。密教では大日如来や不動明王などのほとけたちが生まれた。彼らが楼閣の中に並んだマンダラは、修行の補助手段となった。空海はこの伝統を中国から請来《しょうらい》したのである。

　密教はインド大乗仏教が長い苦闘の末に到達した一つの結論であった。

ブッダ像。左手に衣の端を摑み印を結ぶ。カトマンドゥ。10世紀頃

4　ガンジス川の沐浴――天界や輪廻を信じる人々

あまり澄んだ水とはいえないが、人々はうれしそうにその水で沐浴《もくよく》している。女性たちはサリーのまま頭まで水に浸《つ》かる。素裸で泳ぐ子供たちもいる。男たちは水しぶきを上げて水にもぐる。ここはインドのヴァーラーナシー（ベナレス）に沿って流れるガンジス川の岸だ。ヒンドゥー教徒たちは生涯に一度はここで沐浴することを願う。ヒマーラヤ山脈から南下するガンジス川はこの都市のあたりで北に向かう。北は聖なる方角であるためにここが特に聖地となった。

「何のために沐浴するのか」という問いに、「罪が清められて死後、天界に行けるように」と沐浴していた人々の多くが答えた。古来、インドでは一般に遺体は火葬にされた。人の魂は天界に昇り、死後の国で祖先の霊たちと楽しく暮らすと信じられた。天に昇る荼毘《だび》の煙は死者たちの通る道だが、この道の発見者は最初の人間といわれるヤマであるという。後世では、このヤマは黄泉《よみ》の国にあって悪人たちを裁く閻魔《えんま》大王となった。

川岸で沐浴する人々はインド、ネパールのあちこちで見かけられる。「何のために」の問いに「来世で畜生や餓鬼《がき》の道に堕《お》ちないためだ」と答える人々がいる。彼らは輪廻《りんね》の世界の中の次の世（道）で人間界よりも悪い状態に堕ちることのないように願っているのであって、天界に行くことを望んでいるのではない。

カトマンドゥを流れる、ガンジス川の支流バグマティ川の岸で沐浴する人々

輪廻とは、人が死ぬと「古い衣を脱いで新しい衣に替えるように」魂が新しい肉体を得るという考え方だ。つまり、人は生前に行った行為の報いとして、地獄、餓鬼、畜生、阿修羅《あしゅら》、人間、天の六道のいずれかに赴くという。このように今日のヒンドゥー教徒の間では、人は死後、天界に行くという信仰が続く一方で、輪廻を信ずる人々もいる。

ブッダは人の魂が死後、天界に行くとも輪廻するとも考えなかった。そもそも彼は不滅の魂や天界の存在を認めなかった。仏教の開祖はまったく新しい態度で来世の問題に立ち向かったのである。

5 ゴータマ・ブッダの登場——近現代への扉を開いた

西北インドに侵入したアーリア人たちは、アメリカにおける清教徒たちの西部開拓の場合のように、インド平原を東インドへと約千年をかけて進む。

彼らが東インドに達した紀元前五〇〇年頃には、その生活のあり方はかなり変わった。それまでの牧畜中心の生活に代わって、農業が中心となったのである。食糧事情が安定したこともあって、ヴァーラーナシーのような大都市も多数生まれていた。

都市生活者には精神的な余裕が出てきて、人々は新しい世界観、人生観を求めていた。「私が死ねば私はなくなるのか、心の救いのためにはどのように生きればよいのか」と人々は考え始める。このような疑問にそれ以前のヴェーダの宗教は対応できなかった。ここにゴータマ・ブッダが登場したのである。それは時代の要請であった。

ブッダの登場は、しかし、さらに広く世界史的な意義を有していた。紀元前六、五世紀頃から紀元一、二世紀頃まで、ギリシャ、中国、インドなどを含む領域、つまりユーラシア世界の思想状況には大きな変化が起きていた。すなわち、この時期に人類は自分たちそれぞれの命をそれまでとは違う方法で考え始めたのだ。

ドイツの哲学者K・ヤスパースはゴータマ・ブッダ、ソクラテス、孔子、イエスを含む時代を「枢軸《すうじく》の時代」と名づけた。この四人の巨人は、人間一人ひとりがかけがえのないものであると主張したのである。

ソクラテスは個人の尊厳を教え、孔子は個々人の社会的倫理を説き、イエスは個々人の魂の救いを説いた。人間には親族や仲間がいる。しかし、誰もが一人ひとりの生を生きている。そして独りで死んでいかねばならない。そのような個々人の魂の救済をどうするのかという問題を、ブッダ、イエスたちは扱った。

ブッダ、孔子などによって、人類は社会的倫理の中で自分たちの命を生きることを知った。「枢軸の時代」の四人は、遠くから近現代への扉を開いた人々だといえる。

ブッダの誕生（カトマンドゥ・チャウニーのネパール国立博物館蔵、8、9世紀）

6　太子の誕生――マーヤー夫人の脇から

　ブッダはネパールのルンビニーで誕生されたと伝えられる。母親のマーヤー夫人（摩耶夫人《まやぶにん》）は産後まもなく亡くなったという。「マーヤー」とは幻を意味するが、今日のインド、ネパールではよくある名前である。夫人の夢に白象が現れ、胎内に入った、という伝説は有名だ。紀元前一世紀頃のバールフト仏塔の垣根（欄楯《らんじゅん》）にはこの話の浮き彫りが残されている。この伝説はガンダーラ地方の浮き彫りにも表現されている。これは聖者の誕生を語る「受胎告知」伝説の一つであり、イエスの母マリアが天使から告知を受ける絵画と通底している。

　マーヤー夫人がアショーカ樹（無憂樹《むゆうじゅ》）の枝を摑《つか》み、赤子が夫人の脇から生まれている浮き彫りもよく見かける。脇から生まれるのは、その子が武士階級（クシャトリア）出身であることを示している。

　夫人が実際にアショーカの樹《き》の下にいたかは不明だ。「ア」は「無」を、「ショーカ」は憂いを意味する。「無憂」と呼ばれる樹が憂いや苦痛のない出産をもたらすことを願って伝記作者たちが登場させたのであろう。この樹はインドから東南アジアにかけて生育し、花の満開時には、樹が赤い炎に包まれたように見える。

古代インドでは郷里に帰って出産する習慣があったという。マーヤー夫人はシャカ族の領地の近くに住んでいたコーリア族の出身といわれる。彼女もおそらく郷里に戻って産むつもりだったのであろうが、その旅の途中の地ルンビニーで産気づき、太子を産んだと考えられる。

シャカ族の居城のあったカピラヴァスツがどこだったのかは、はっきりしていない。今日、その候補地として二つの遺跡が考えられている。第一は、ルンビニーから西北西に約二十四キロ離れたネパール領ティラーウラコット遺跡であり、第二は、ティラーウラコットより南に六十キロほどの距離にあるインド領ピフラハワ遺跡だ。

臨月に近いマーヤー夫人が、なぜ居城からかなり離れ、郷里までもまだ遠いルンビニーにいたのかは不明である。

マーヤー夫人の夢に白象が現れ、胎内に入った
(コルカタ、インド博物館蔵)

7　菩提樹の下のブッダ――時を経て伝説になった

ブッダは菩提樹の下で悟ったという。「菩提《ボーディ》」とは悟りのことである。ブッダが悟る前から菩提樹（悟りの樹）というこの名称があったわけではない。ブッダがその下で悟りを開いた樹という意味で後世「菩提樹」と呼ばれてきた。

現在、インドで「菩提樹」とはイチジクの仲間のピッパラだ。時を経て、ブッダがこの樹の下で悟ったという伝説が生まれたと考えられる。

この樹の葉の先はネズミの尾のように長く細い。葉脈は硬く、風が吹くと葉の擦《こす》れる音がする。常緑樹で巨木となる。

菩提樹といえば、シューベルト作曲、近藤朔風《さくふう》訳の「泉に沿いて繁る菩提樹」云々《うんぬん》の歌を思い出す。ここの菩提樹（リンデンバウム）はシナノキ科の落葉樹であり、葉の先はわずかにとがっているが、ピッパラとは別物だ。近藤朔風訳が有名になるにつれて、ヨーロッパにも菩提樹があるということになり、インド本家の菩提樹は「インド菩提樹」となった。

ブッダはクシナガラにおいてサーラ（沙羅）の樹の下で亡くなったと伝えられる。この町にはこの樹が多いとも、シャカ族はこの樹を大切にするともいう。花は淡黄色であるが、シャカの死に際して時ならぬ花をつけたと伝えられている。

『平家物語』に「娑《しゃ》（沙《さ》）羅《ら》双樹《そうじゅ》の花の色、盛者必衰《じょうしゃひっすい》の理《ことわり》をあらはす」とある。日本で沙羅は夏椿を指すが、ブッダがその下で亡くなったという沙羅の樹とは別種である。「双樹」とは一根から二幹が出ていて、ブッダの体を囲むにふさわしかったという伝説による名称であろう。

沙羅はブッダの死を連想させながら、盛者の衰えを指し示している。「花の色」の「色」は色彩のことではなく、あり様というほどの意味と思われる。

ブッダが生まれたのは無憂樹の下であったことは前述した。成道（悟り）は菩提樹、涅槃《ねはん》は沙羅の下であったという。これは後世、樹の生命力とブッダの生涯の節目とが結び付けられて伝わったものであろう。

菩提樹の下で悟ったブッダ。ネパール画家G・ヴァジュラーチャールヤ画

8　太子の成長――一族の王子として育つ

シャカ族の太子ゴータマは、母マーヤーの死後、その妹マハープラジャーパティ（生類の偉大なる主の意）によって育てられた。彼女はブッダの父浄飯王《じょうぼんのう》の妃となり、息子ナンダを産んだ。後に、この養母もナンダも出家してシャカの教団に入っている。

「浄飯」とは白いご飯を意味するが、当時、シャカ族が稲作を行っていたことを窺《うかが》わせる。マハープラジャーパティがゴータミー（ガウタミー、ゴータマ族の女性）とも呼ばれたことも、彼女が浄飯王の妃であったことを示すと考えられる。

ブッダの従弟《いとこ》で終生の侍者となったアーナンダ（阿難《あなん》）も「ゴータマ」と呼ばれた。この弟子はブッダの教えを正確に暗記していたことで有名だ。一方、浄飯王やナンダはゴータマ姓で呼ばれていない。

ゴータマ氏は非アーリア系の武士階級に属したが、「ゴータマ」とは一般にアーリア系の名前だ。しかしバラモン文化が優勢ではないインド北端の地に住んだ武士階級の氏族がバラモン系の姓を名乗ったことは充分ありうることだ。

太子ゴータマは十六、七歳の時、ヤショーダラー（名声の高い女性の意）と結婚し、息子ラーフラをもうけた。「ラーフ」は日月食を起こす「星」であるが、インドでは日月食は不吉なものだ。「ラ」は末尾に付けて愛称とする辞であり、「ちゃん」にあたる。

そのような不吉な名称をなぜ付けたのかは不明だ。不吉な意味合いはなかったのかもしれない。この息子も出家して弟子となり、ブッダが亡くなる時にも父に従っていた。

ゴータマ・ブッダが少年期、青年期にどのような日々を送ったのかについては、古い経典に残る記述によるしかない。ブッダが後に自分の若い頃を回想して弟子たちに語ったところによれば、彼は一族の王子として大切に育てられたらしい。

インドでは不吉とされる日月食を起こす「星」ラーフ（ロンドン、大英博物館蔵）

だが、時が経《た》つにつれて王子の心の中に憂い、悩みがふくれ上がっていった。後世の伝記には、王子が人間の老い、病、死について悩んだと述べられている。

9　老いと病――太子とて逃れられない

　サンスクリットで書かれた仏伝『ブッダ・チャリタ』の漢訳『仏所行讃《ぶっしょぎょうさん》』は日本でも有名だ。仏滅後、数世紀を経た作品ではあるが、ゴータマの悩みをよく描いている。この作品の梵語テキストに沿って太子の悩みをみてみよう。ある日、居城から町に出た太子ゴータマは、一人の男を見かけた。彼は自分の馬車の御者《ぎょしゃ》に尋ねる。

「御者よ。髪は白く、手で杖《つえ》にすがり、眼はおちくぼんで眉に覆われ、体はたるみ曲がっている男は誰か。この変わりようはもともとなのか、偶然なのか」

　このように問われて御者は答えた。

「美しい姿を奪うものであり、快楽の果てるところ、記憶を消すものである老いによって、この男は砕かれております。太子よ。あなたもまた時の力によってこのように年を取られます。老いが容色を滅ぼすことを知りながらも、人々はそこに行こうとするのです」

　御者のこの言葉を聞いて太子は「あたかも雷鳴をすぐ近くで聞いた牛のように」おののき、呟《つぶや》いた。

「老いは誰かれの区別なく、記憶、容色、気力を奪う。しかし、人々は眼前にこのような者を見つめつつもおののかない」

再び町に出た太子は病人を見かけて、御者に問う。

「腹がふくれあがり、息をするたびに体が上下し、肩と腕がだらりと下がり、肢体《したい》は痩《や》せて青白く、他人に寄りかかりながら、お母さん、と哀れに叫んでいるあの男は誰か」

町で老人に出会った太子を描いたチベット風仏伝図の部分（個人蔵）

御者は答えた。

「この男、かつては壮健だったのですが、今は身の自由もきかないようになってしまいました。殿下、それは体液の不調から生じた病という大きな不幸のせいなのです」

御者はさらに続けた。

「このように人々は病におしつぶされ、苦痛にあえぎつつも、一方で楽しんでいます」

城に帰った後も「誰も老いや病から逃れられない」と太子は考えた。彼にはすでに妻子があった。やがて彼らも、自分も老い、そして病を得るのだ。

10　死者を見る太子——心は出家へ導かれる

ヴァーラーナシーの旧市街には石畳の小道が入り組んでいる。その細い道を人に交じって水牛がゆっくり歩く。角から数人の男たちが突然現れた。何かを担いでいる。遺体だった。

二本の竹竿《たけざお》の間にタンカ状に布が張られており、その上に白い布で覆われた死者がいた。その遺体の上には橙色《だいだいいろ》のマリーゴールドの花環《はなわ》が置かれてあった。四人の男たちがその竹のタンカをそれぞれの肩に担いでいた。その後にわずかな数の人の行列が続いていたが、一行はすぐに町角を曲がって見えなくなった。私はガンジス川の岸の方に歩いて行った。また四人の男たちに担がれた死者が現れた。やはりマリーゴールドの花で飾られていた。この花の環は歓迎の印としても使われる。カトマンドゥに行くと知り合いのタクシー運転手がいつも首にかけてくれる。澄んだ強い香りが私は好きだ。

ガンジス川の岸には火葬場があり、遺体が次々と運び込まれていた。四人の男たちが遺体を運ぶ様は『ブッダ・チャリタ』にも述べられている。

ふさぎ込む息子を見て父の王は太子を再び外出させた。町の中で不思議なものを見た太子は、御者に尋ねる。

「四人の男に運ばれ、悲しげな人々に付き添われて飾られてはいるが、嘆かれているあの者は誰なのか」

チベット風仏伝図の中で、四人ではなく、二人の男に担がれている死者（個人蔵）

御者は答える。

「この者が誰かは分かりませんが、知性、感覚、息がなく、眠っており、意識なく、草木となってしまったのです。愛する人々によって育てられてきましたが、今捨てられます。これはすべての生き物の最後のありようです」

太子は震え声でいう。

「これが生き物の定まった帰結なのに、人は恐れずに平気でいる。このように死への道にありながら安閑としているのだから、人の心は堅いものだ」

老いと病の次には死が待ち構えている。その運命にどのように立ち向かうのか。この問題の解決を求めて、太子の心は出家へと導かれていった。

11　城を出る太子——無上の栄華を捨て決意

「馬のいななき」（アシュヴァゴーシャ、馬鳴《めみょう》）という名の『ブッダ・チャリタ』の著者は、ゴータマの出家前の様子を描いている。

死者を見てしまった太子は「車を城に戻せ」と、御者に命じた。しかし、御者は太子の命を聞かずに、美しい女たちのいるところに連れていった。太子の父王の命令だった。

「目をおどらせた女たちが、到着した花婿を迎えるように、太子を迎えた。女たちに囲まれて王子は森を歩いた」

「若い女たちは、酔いを口実にして固く丸く豊かで、張り合った美しい両の乳房で太子に触れた。ある女たちは花をつけたマンゴーの枝を摑み、黄金の瓶のような乳房を彼に見せながら、枝からぶら下がって見せた」

美しい女たちに囲まれても太子の心は楽しまなかった。彼は友人に語る。

「私は感官のもろもろの対象を蔑《さげす》みはしないが、世界が無常であることを思うと、私の心はそれを楽しまない。もしも老、病、死の三つがなければ、私も美しい感官の対象を楽しむだろう」

意を決して太子は父に出家の許可を願い出たが、許されるべくもなかった。出家を決意した太子はこっそりと父の城を出た。伝説では愛馬カンタカに乗り、馬丁を一人連れて旅立ったという。この様を『ブッダ・チャリタ』は次のように詠《うた》う。

「馬は顎の音を立てず、いななきも鎮めてしっかりとした歩みで進んだ。すると、夜叉《やしゃ》たちは体をかがめて、黄金の腕輪で飾られた前腕の、蓮華のような手の先を、あたかも蓮華を投げるように、ふるわせながら差し出して蹄《ひづめ》を支えた」

夜叉（ヤクシャ）は、元来、インドの鬼神であったが、後世、仏法の守護神となった。この詩では夜叉の手が蓮華の花に譬《たと》えられている。夜叉は馬の蹄の音がしないようにして太子の出城を助けたのである。

「愛情を注ぐ父、幼い子、彼を愛する人々、無上の栄華を捨てて、決意を固めた太子は躊躇《ちゆうちよ》することなく、父の都から出て行った」

城を出る太子を描く5世紀頃のレリーフ
（ニューデリー国立博物館蔵）

12　ブッダの髪——切る場面が仏伝図に

城を出た太子はインド平原を南東の方角に進んだ。ある伝承によれば、太子は七日のうちにマガダ国の首都王舎城（ラージャグリハ）に着いたという。ここは後にブッダの活動拠点となったが、郷里カピラバストゥからここまでの道のりは数百キロある。托鉢《たくはつ》しながらこの距離を行くことはできない。

伝説によれば、太子は馬丁と馬を帰したという。主を乗せることなく帰ってきた馬を見て、太子の妻ヤショーダラーは嘆いた。

「石でできているのか、鉄でできているのか。私の心はまことに残酷なほどかたくなだ。主人が森に行ってしまったのに私の心は砕けないのだから」

この後の彼女の消息にかんしてはほとんど何も伝えられていない。

太子は髪を切り、王族の衣装を捨てて、苦行者の衣をまとった。右膝を立て、右手に握った剣で左手に持ち上げた髪を太子が切る場面は、後世のネパール、チベット、タイなどの仏伝図にしばしば現れる。

ところで、今日われわれが目にする仏像の頭部には髪がある。仏像の様式などについては後ほど述べる予定であるが、仏の頭部は一般に小さくまとまってイボ状になった髪（螺髪《らほつ》）が多数並んでいる形で示されている。縮れ髪だったという説もある。

紀元一世紀頃、今のパキスタン北部のガンダーラ地方で仏像が作られ始めたが、この地の仏像の頭にはふさふさとした髪がある。

私は「坊主頭」のブッダは見たことがない。一方、舎利弗《しゃりほつ》や目連《もくれん》などの弟子たちはまず剃髪《ていはつ》した比丘《びく》の姿で表される。この違いの意味は何だろうか。

髪を切る太子ゴータマ。
G・ヴァジュラーチャールヤ画

要するにブッダは剃髪した姿では表されてこなかった。これは悟られた後のブッダが他の師の教団に入らなかったことを示している。彼は自分の教団に弟子たちを受け入れ、その弟子たちは剃髪した。しかし、彼に剃髪するように命じた人はいなかった。

このようなわけでブッダは「五分刈り」なのだ。

13　スジャーターの乳粥――ブッダの転身の象徴

私はその日の朝から風邪気味だった。開け放した窓からは冷たい風が吹き込んでくる。カトマンドゥの安宿の食堂だった。

「何か温かいものを」という私の注文に応えて、すこし黄色がかった粥らしきものが運ばれてきた。

甘ったるい香りがした。赤いサクランボがお粥の上に置かれてあった。甘くおいしく、体が温められた。ライスにミルクと蜂蜜《はちみつ》を入れて煮込んだという。

食べた後、それがかつてスジャーターという名の娘が修行で疲れ切ったゴータマ・ブッダに捧《ささ》げた乳粥《ちちがゆ》（パヤス）だと聞いた。聞いた瞬間、食べてはいけないものを食べたような気がした。だが、今では私の好物である。

「スジャーター」とは、「良い生まれの女性」あるいは「貞淑に生きる女性」というほどの意味だ。今日、インドやネパールでは一般的な名前である。

スジャーターのいたセーナー村は、ブッダが一時、瞑想《めいそう》した前正覚山《ぜんしょうかくせん》すなわち「悟りを開く前の山」の麓《ふもと》にあった。ブッダ成道の地であるウルヴェーラーつまり、後のブッダガヤーはこの小さな山から数キロのところだ。ここはヒンドゥー教の聖地ガヤーから南に約十キロの地点である。ブッダは約六年間修行されたが、悟られる直前はこのあたりにおられたという。

ブッダは、苦行は悟りを得るための正しい道ではないと悟った。それゆえ、苦行を捨てて托鉢に出かけ、乳粥の布施を受けたのである。それまで一緒に修行してきた五人の仲間はゴータマを見捨てて離れていってしまった。後にこの五人はブッダの初めての説法の聞き手となった。

カトマンドゥのスワヤンブー仏塔の前に立つネパールの托鉢僧

スジャーターの乳粥は、このようなブッダの転身の象徴として語り継がれてきた。

ブッダは苦行を捨てて精神集中の方法を採った。この方法は、インドの宗教の観点から見るならば、ヨーガの伝統に属する。仏教では「ヨーガ」という語よりも「禅定《ぜんじょう》」とか「三昧《さんまい》」というのが一般的だが、それらは明らかにヨーガの一形態なのである。

14　ヨーガ行者ブッダ――心の作用、統御する方法

「ヨーガ」というと、「ああ、ヨガのことですか」といわれることが多い。だが、それは日本的な発音の仕方であって、ヒンディー語やサンスクリットでは「ヨーガ」と長音になる。

昔、西インドのプネー市郊外でヒンドゥー教のヨーガ行者に会ったことがある。彼はヨーガの実習を私の目の前で見せてくれた。彼はまず坐った。リラックスしてはいたが、背筋は真っすぐだった。吸う息と吐く息が大きな音をたてていたが、やがて息をしているか、いないのか、分からないようになった。

半眼でまなこは動かず、前方を見ているようではあったが、何も見ていないようでもあった。心が何かに集中していることは分かった。しかし、その行者の体は緊張のゆえに硬くなるということもなく、あくまで静かな「気」が伝わってくるのみだった。

行者の説明によれば、まず坐り、息を整える。外に向かっていた心を内へと向ける。その後、例えば神の顔などの対象を定める。その対象に心を定めて、「その中へと入る。やがて、心は対象そのものとなる。それが三昧（サマーディ）だ」ということだった。

私にはよく分からなかったが、ヨーガが心作用の統御であり、さらに、その統御の目的が心作用をなくすことであったことは理解できた。

「ヨーガ」とは「馬に軛《くびき》をかける」という意味の動詞「ユジュ」（yuj）から作られた名詞だ。この語は、元来、結び付けることや統御を意味したが、やがて精神を集中して心の作用を統御する行法を意味するようになった。

仏教では「ヨーガ」という語も用いられるが、「三昧」（定《じょう》）、「等持」（安らかな心の集中）、「禅定」などの語も用いられる。「禅」は、ヨーガの最終段階を意味する「ドゥヤーナ」の訛《なま》った形「ジャーナ」が中国で音写されたものだ。

両手を重ねて精神集中（定）の印を結ぶ阿弥陀仏石像。カトマンドゥにて

ヨーガの行法は仏教の誕生以前から知られていた。ヒンドゥー教のヨーガと仏教のそれとは基本的に同じである。ブッダが採った方法もヨーガであった。ブッダはヨーガ行者の一人だった。

15　初めての説法——昔の五人の仲間に説く

悟りを開いた後、人々に教えを説く決心をしたブッダは、悟りの地ブッダガヤーから西北西に約二百キロ離れたヴァーラーナシーに向かった。七日かかったという。七日という日数は、幾日かの後というほどの意味であろう。

ブッダがヴァーラーナシーの近くまで来たのは確かだ。しかし、彼が自身の伝道の拠点として、バラモン文化のセンターであったこの宗教都市を考えていたかは疑問だ。

ブッダが初めての説法を行ったのは、ヴァーラーナシーの近郊の地サールナートだった。ブッダはこの地で昔の五人の仲間に対して初めての説法をしたと伝えられる。ブッダがあらかじめかの五人のいるところを知っていたのか、偶然出会ったのかは不明だ。

ブッダが初めて法輪を転じた（法を説いた）いわゆる「初転法輪《しょてんぼうりん》」の地サールナートはヴァーラーナシーから約八キロ離れている。「鹿野苑《ろくやおん》」と呼ばれてきたサールナートは、今でこそ人があふれた都会だ。数多くの巡礼者が訪れ、チベット仏教の研究所なども建っている。しかし、ブッダ在世当時は住む人も少ない土地であったろう。

ブッダはその後もバラモンたちの牙城《がじょう》ヴァーラーナシーを自分の宣教の拠点とすることはなかった。インドの宗教の流れの中で、仏教は第三、四期に属することはすでに述べた（第2項）。ブッダの考え方は第二期のヴェーダの宗教とはかなり異なっていた。

ブッダはヴェーダ聖典の権威を認めず、バラモン僧たちが信じた宇宙原理ブラフマン（梵）の実在性も信じなかった。さらに、ブッダは祭りや祭式などには冷淡であり、当時の社会において育ちつつあった身分階級制度（ヴァルナ制度）からも離れるようにしていた。

昔の五人の仲間に説法する5世紀頃のブッダ像
（ニューデリー国立博物館蔵）

　サールナートで初めての説法が行われたのは、その後の仏教の歴史にとって幸いなことであった。もしもブッダがヴァーラーナシーにおいて活動を続けようとしたならば、不必要な摩擦を生んだことであろう。

16 ブッダにとっての世界——感覚が捉え、再構成

よく知られたお経に『般若心経《はんにゃしんぎょう》』（心経。玄奘《げんじょう》訳）があるが、その中に「五蘊皆空《ごうんかいくう》」という言葉がある。五蘊とは、世界を構成する五グループの要素を意味し、物質、感受、観念、心的慣性、認識のことだ。世界を五蘊とみるのは、ブッダ以来の基本的な考え方である。

今、私の前に原稿用紙があり、手には鉛筆がある。周囲には辞書、机、椅子など私の感覚器官が捉えた無数のもの、「物質」がある。これを漢訳では「色《しき》」という。色彩のこともいうがそれのみではない。

インドでは眼から光線が出て、眼前の物体に至って眼に返って来ると考えられた。この色も形もない光も「色」（物質）と呼ばれる。

机の上にお茶があり、手を出す。熱い。「熱い」と思う間もなく、私は手を引く。この「熱い」という認識があるかないかの段階つまり「アッ」くらいの感じを感受（受《じゅ》）という。後世では「熱い」「冷たい」という感覚も指すようになった。

机から何かが落ちた。暗い足元に転がったものが「鉛筆」と分かる直前の「エンピ」くらい

の段階があるとインドでは考えられた。その段階を観念（想《そう》）という。この語も後世は「鉛筆」「紙」などの観念をも指すようになった。

私は「禁酒」はまったく平気だが、「饅頭《まんじゅう》禁止」はこたえる。つまり、私の心には甘いものへの傾斜がある。また、パソコンで書くよりも原稿用紙に書くのが習いだ。このような心的慣性を漢訳では「行《ぎょう》」と呼ぶ。意欲・記憶などもこのグループに属する。

「これは紙だ」「私はお茶を飲んだ」というような認識が「識《しき》」と呼ばれる。これは一般に文章の形をとる。

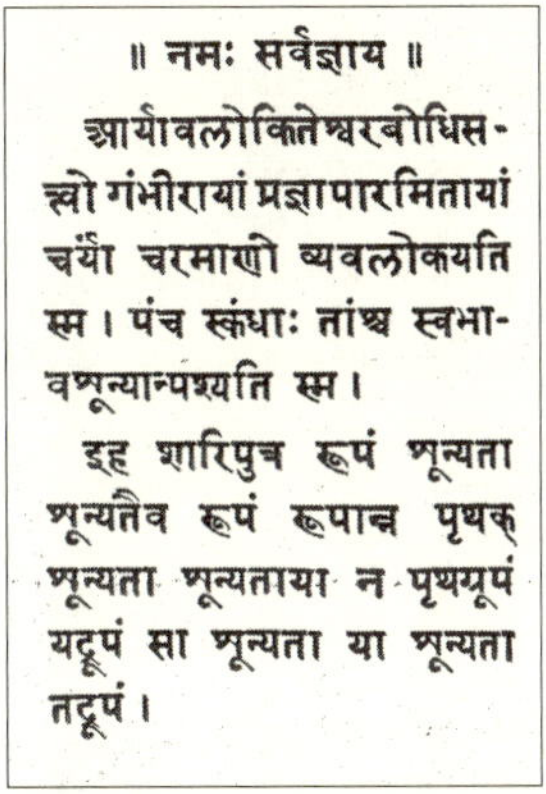
॥ नमः सर्वज्ञाय ॥
आर्यावलोकितेश्वरबोधिस-
त्त्वो गंभीरायां प्रज्ञापारमितायां
चर्यां चरमाणो व्यवलोकयति
स्म । पंच स्कंधाः तांश्च स्वभा-
वशून्यान्पश्यति स्म ।
इह शारिपुत्र रूपं शून्यता
शून्यतैव रूपं रूपान्न पृथक्
शून्यता शून्यताया न पृथग्रूपं
यद्रूपं सा शून्यता या शून्यता
तद्रूपं ।

『般若心経』のサンスクリット・テキスト。ミュラー・南条版（1884年）

五グループ（五蘊）の第一の物質は、自らの感覚器官によって捉えられたもろもろの対象であり、宇宙を構成する根本物質というようなものではない。残りの四つは心の作用だ。ブッダにとっては、五蘊が「世界」であった。つまり、彼にとっての世界とは、個々の人間が自分の感覚器官を用いて得た情報をもとにして再構成された世界であった。

17　縁起の教え――原因があり、結果がある

「縁起《えんぎ》がいい、悪い」というように、「縁起」はしばしば吉凶の兆しを指す。だが、縁起は、本来、ブッダの根本思想を意味し、サールナートにおける初回の説法の主要な内容だった。

ブッダによれば、世界は縁起の法則によってできあがっている。縁起は「これによって、あれがある」という形式で語られる。つまり、ブッダは原因・結果の関係によってこの世界の成り立ちを考えたのだ。

ブッダは宇宙的原理（ブラフマン、梵）や神などの不変の実在からこの世界が生まれたのではなく、人間の心作用を含めた行為が原因となってこの世界が生まれたのだという。彼が視野に入れた世界は、一人の人間が自分の感覚器官を用いて知ることのできる周囲世界つまり、五蘊であった。

ゴータマが説いた縁起の教えは、五蘊説を絡めて、時代が下るにつれて整備されていった。最もよく整備された縁起説に十二（十二支）縁起がある。この説では人間が誕生し、成長し、死に至るまでのプロセスが「これによってあれがある」という因果関係の連鎖によって語られ

る。すなわち、第一支である無明《むみょう》（迷い、知の欠如）が原因となって第二支の形成力（行、自己を形成する勢い）があり、それによって第三支の認識が生まれる。このようにして、第八の世界（五蘊）への渇愛《かつあい》（激しい欲求）、第九の世界への執着《しゅうじゃく》が生まれ、最後に第十二支の老死があるという。

この縁起説は人間の生のあり方を説明する一方で、老死に対処する方法をも示す。つまり、第一支の無明がなくなれば、第二支の形成力はなく、第二支がなくなれば、第三支はない。このようにして最後の老死もなくなる。このようにブッダの悟りへの道は縁起説に基づいている。

一般に六道輪廻図の周囲には、第一支無明は盲目の老人に、形成力は壺《つぼ》作りに、認識は果実を採る猿によってというように表される。

ブッダは、無明がなくなり、悟りあるいは知（明）が現れる境地を目指した。そのためには、無明から生まれた渇愛、執着などを捨てねばならないのである。

輪廻図に描かれた十二縁起の最初の三支。盲目の老人、壺作り、実を採る猿

18　四つの真理（一）――悟りに至るための道筋

ブッダの初めての説法についてはすでに述べた（第15項）が、その際、「四つの聖なる真理」（四聖諦《ししょうたい》）が語られた。これは、縁起の教えと並んで、ブッダの教えの中で最も基本的なものだ。「四つの真理」は理論的な縁起の教えに比べて、実践的な教えだった。

この四真理つまり「苦《く》・集《しゅう》・滅《めつ》・道《どう》」は、悟りに至るための道筋を述べている。第一の苦という真理（苦諦《くたい》）とは、生も老いも苦であり、世界（五蘊）も苦をもたらすと知ることだ。第二の集という真理（集諦《じったい》）は、その苦の原因（集）が渇愛などであると説く。第三の真理である滅（滅諦）は、苦を滅することが目指すべき目標であることを、第四の真理である道（道諦《どうたい》）は、そこに至るための手段を示している。

人間の行為には一般に現状認識（世界認識）、その現状に至った原因の認識、目標および手段の四つの要素が見られる。

「四つの聖なる真理」では、苦は現状認識を、集はその原因の認識を、滅は苦とその原因がなくなった境地、道はそこに至る手段を指している。四聖諦は、苦に満ちた現状の源を知り、その苦のない境地を目指し、そこに至る道を歩めと教えているのである。

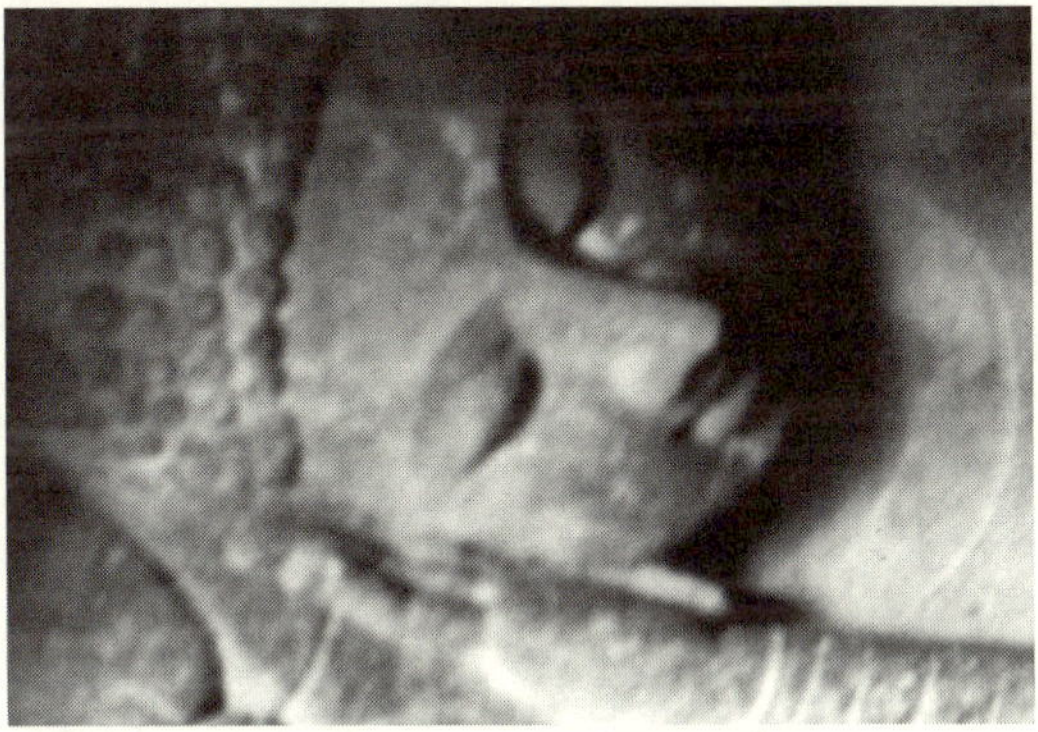

涅槃に入ったブッダの顔。アジャンタ第26窟の石像

「苦」（ドゥフ・カ）は、苦痛というよりも「悪い運」を意味する。生まれたものにとって死はどうしようもない運命だ。このことが「悪い運命」（苦）と呼ばれている。

第三の滅は、苦のなくなったところをいう。それは最終的には涅槃であった。避けられない運命である死を、聖なる涅槃へと転化することによって死を克服すること、これこそブッダが目指した目標だった。

一般に、死はいまわしきものだ。人々はそれを言葉にしないようにして生きている。だが、ブッダは死が決して「忌むべき不浄《ふじょう》なるもの」ではないことを彼の死つまり涅槃において示したのである。

苦の滅の境地に至る手段（道）として、ブッダは「八つの正しい道」（八正道《はっしょうどう》）を説いた。

19　四つの真理（二）――八つの正しい道を歩め

私は浄土宗立の中学と高校を卒業した。先生には僧侶の方が多く、図書館には仏教関係の本が揃《そろ》っていた。授業の始めと終わりには開祖法然《ほうねん》（一一三三～一二一二年）の和歌のチャイムがなった。

私の家の宗旨は浄土真宗だった。母の里には巨大な仏壇があり、金色の阿弥陀像の前には常にお仏飯《ぶつはん》が供えられていた。毎日のように親鸞《しんらん》（一一七三～一二六二年）の「正信偈《しょうしんげ》」も唱和されていた。そのリズムは、懐かしい響きとして心に今も残っている。

浄土教の雰囲気の中で育った私には浄土とか阿弥陀仏のイメージがうっすらとではあるが、あった。高校に入ってインド初期仏教の経典を読み始めて、自分が抱いていた阿弥陀仏のイメージと二千五百年前のゴータマ・ブッダのそれとがかなり違うことに気がついた。

インド初期仏教の経典には、孫悟空の『西遊記《さいゆうき》』に登場する雲の上の釈迦如来ではなく、ガンジス川流域を弟子たちと歩く師の姿があった。この師は弟子たちに「サイの角のごとく、ひとりで歩め」（『スッタニパータ』）と教えている。その歩みの具体的な内容として、「四つの聖なる真理」の第四の真理、すなわち、道諦が語られたのだ。
この真理の具体的内容は「八つの正しい道」（八正道）として示された。人は、正しく四つの

宝冠を被る阿弥陀仏像。カトマンドゥのスワヤンブー仏塔にて

真理を見て（正見《しょうけん》）、正しく心を保ち（正思《しょうし》）、正しい言葉を使い（正語《しょうご》）、正しい行いをなし（正業《しょうごう》）、正しい生活の規律を守り（正命《しょうみょう》）、正しい努力をなし（正《しょう》精進《じん》）、正しい考え方を保ち（正念《しょうねん》）、正しい精神集中（正しい禅定、正定《しょうじょう》）をすべきだという。

ブッダの教えは、倫理的であり、社会の中の一員として正しく行為せよと教えている。

このようなブッダ像は学生の私には新鮮だった。だが、第1項で述べたように、後世、これと異なるブッダが登場する。阿弥陀仏はゴータマのように「サイの角のごとく、ひとりで歩め」というブッダではない。ブッダの働きやイメージに変化が起きたのだ。このような変化はなぜ、どのように起きたのであろうか。

20　霊鷲山における説法——死と隣り合わせの場所

ブッダは悟られた後、涅槃に入られるまでの四十五年の間、さまざまな場所で説法された。それらの場所のうち、霊鷲山《りようじゆせん》が有名だ。この名前からは、巨木が立ち並び、鷲《わし》が悠々と飛ぶといった深山幽谷が想像される。私も霊鷲山は高野山・奥の院のようなところだと思っていた。だが、ブッダが説法された霊鷲山は灌木《かんぼく》が生えているのみの岩山だったようだ。

「霊鷲」はサンスクリットで「グリドゥラ・クータ」というが、「グリドゥラ」は禿鷹《はげたか》（禿鷲）、「クータ」は群れのことだ。つまり、羽をすこし広げた格好で死体をついばむ禿鷹の群れを意味する。仏教経典のチベット語訳でもこの意味に訳されている。私はかつてインドで田園の中を走るタクシーの中から、多くの禿鷹が動物の死体に群がっているのを見たことがある。そのような光景はインドでは珍しいことではない。

マガダ国の首都王舎城はブッダの布教の重要な拠点であった。王舎城には新旧二つの城があったが、霊鷲山は旧城から東に三キロほどのところにある。

ここは禿鷹の羽のような格好の岩が斜めに重なっているために、「禿鷹の群れ」の山と呼ばれたという説がある。だが、その岩山の姿を「禿鷹の群れ」と呼ぶことは難しい。

「禿鷹の群れ」と呼ばれた霊鷲山（浅野玄誠氏提供）

この岩山は、居住区から離れており、当時、死者を火葬したり、火葬にできなかった死体を捨てた場所だったのではなかろうか。ここでは禿鷹の群れも見られたことであろう。このように考えるならば、この丘が「禿鷹の群れの丘」（霊鷲山と漢訳された）と呼ばれたことも納得がいく。

ちなみに、インドには日本におけるような墓地はない。また日本で、今日のような一般の家の墓が作られるようになったのは元禄時代以降である。

ブッダの問題は「死」であった。禿鷹の群がる場所こそブッダの説法場にふさわしかったともいえよう。昔、カトマンドゥで荼毘の場所から数メートルの小屋に住む行者に会ったことがある。彼の表情はまことに穏やかだった。

21　祇園精舎と雨期——弟子らと留まり修行

　インド初期仏教では比丘の定住は禁じられた。ブッダはわずかな弟子たちを連れて四十五年の間、ガンジス平原を常に遊行された。

　ただ、一年のうち、約三か月の雨期の間、彼らは一か所に留《とど》まり修行した。これを安居《あんご》という。そのための宿泊施設の一つが、『平家物語』に「祇園精舎《ぎおんしょうじゃ》の鐘の声、諸行無常の響きあり」と詠まれた祇園精舎だ。ちなみに当時の祇園精舎には、今日われわれが思うような鐘はなかったと思われる。

　北インドでは六月中旬から九月中旬の約三か月間が雨期である。インドの雨期は強烈だ。雨のために何もかもが水びたしになる。常に蒸し風呂に入っているような感じだ。そして地面のいたるところに蛙《かえる》やミミズがいる。これではとても比丘たちが、小動物たちを踏まずに、托鉢しながら旅を続けることはできないと分かる。

　インドでは、大きなヒンドゥー教寺院には巡拝者の宿泊施設がある。施設とはいえ、屋根と柱だけの建物であることが多い。巡礼者たちは簡単な寝具や料理道具を持参してくる。

祇園精舎は、コーサラ国の太子ジェータ（祇陀《ぎだ》）の樹園を太子と資産家スダッタ（須達《すだつ》）が共同で仏教教団に寄付した施設という。祇陀太子の樹園の意味で「祇園」と呼ぶ。この精舎はブッダ生誕の地ルンビニーから西へ約百二十キロのサヘートにあった。この地はブッダの布教の拠点の一つであったマヘートの舎衛城《しやえじよう》（シュラーヴァスティー）から一キロほどしか離れていない。

　ブッダは、四十五年の布教生活の間に、ここで雨期を二十回以上過ごされたという。雨期の間には弟子たちは落ち着いてブッダから教えを聞いたり、瞑想をしたりできた。

　雨期が終わると、信徒たちは比丘一人ひとりに新しい衣を用意して彼らを新しい遊行の旅へと送り出した。今日の東南アジアのテーラヴァーダ仏教（上座《じようざ》仏教）においても雨期明けには信徒たちが新しい衣（袈裟《けさ》）を与える儀礼が行われている。

雨期が明けると、タイの僧院では僧たちに衣が布施される
（亀山健志氏提供）

22　八大霊場――在世当時の通商路に沿う

ルンビニーで生まれたブッダは、この地の近くのカピラヴァスツで育った。二十九歳の時、出家し、修行の後、三十五歳で悟った、と伝えられている。この後四十五年間、説法を続け、八十歳の時、涅槃に入った。

今日、ブッダの生涯に関わる重要な遺跡は「八大聖地」と呼ばれている。それらの聖地のおおよその位置は図のように表すことができる。

八聖地のうち、まず誕生の地ルンビニー、そして悟りの地ブッダガヤー、初回説法の地サールナートが挙げられよう。第四のラージャグリハ（王舎城）は、ブッダの布教の一拠点であったが、その近くに霊鷲山があった。デリーから東に約六百キロの地点にある仏教教団本部の地サヘート・マヘートも聖地だ。サヘートに祇園精舎があり、舎衛城のあるマヘートはコーサラ国の首都であり商業都市として栄えていた。

アーグラーの東のかつてのサンカーシャ城も聖地に数えられる。須弥山《しゅみせん》の頂にある三十三天（忉利天《とうりてん》）に昇り、亡き母のために説法したブッダが、用意された階段を下りてきたのがこの地だという。ブッダの居所がしばらくの間、弟子たちに分からないことがあり、それがこのような伝説を生んだのであろう。このエピソードは初期仏教経典に幾度も語られており、紀元前一世紀頃のバールフト仏塔の垣根にも描かれている。この伝説は、中国や日本における祖先供養の伝統にとって有力な根拠となった。

仏教の八大聖地

パトナの北約五十キロのヴァイシャーリーは、ブッダが最後に過ごした安居の地だ。病を得たブッダはヴァイシャーリーを発《た》ち、クシナガラに至った。この地が入《にゅう》滅《めつ》の地となった。

八聖地はガンジス川流域にあり、ブッダ在世当時の通商路にほぼ沿っていた。当時、武士階級や商人階級が力を得つつあったが、仏教を支えたのはそうした新興勢力であった。

かの八大聖地はコルカタ、ヴァーラーナシー、アーグラーおよびデリーを結ぶ線の北側にあるが、その南側と諸聖地の西側はバラモン文化が優勢であった地域だ。

23　涅槃——依り所は他者でなく法

ブッダは八十歳になっていた。『大パリニッバーナ経』によればヴァイシャーリーで病に罹《かか》ったブッダは苦痛に耐えながらいう。

「自らを依《よ》り所《どころ》とし、他人を依り所とせず、法を依り所とし、他のものを依り所としないように」

それぞれの者の自律性が重要だというのである。年老いた師はいう。

「私の余命はわずかだ。お前たちを捨てて私は行く。比丘たちよ。怠らず、心を正しく、戒を保ちなさい」

病をおして托鉢に出かけた帰り、ブッダはヴァイシャーリーの町を振り返って、弟子アーナンダにいう。

「アーナンダよ、これがヴァイシャーリーの見納めとなるであろう」

ブッダは死が迫っているのを知っていたが、クシナガラへの旅を続けた。その途中でパーヴァー村を通った時、鍛冶工チュンダの用意した「スーカラ・マッダヴァ」を食べた。これはキノコ汁であるとも、ブタの干し肉であるともいわれる。ともあれこれを食べたブッダは「激しい苦痛に見舞われ、赤い血が走り出た」と伝えられる。

それでもブッダはパーヴァー村から二十キロほど離れたクシナガラまで歩いた。そこで彼はサーラの樹の下（第7項）で頭を北に向け、右腹を下にして横たわった。

師が亡くなることを察して悲しむ弟子たちにブッダは最後の言葉を伝える。

「もろもろのものは、過ぎ去るものだ。怠ることなく、修行を完成させなさい」

1世紀頃作られたガンダーラ様式の涅槃像（オックスフォード大学付属美術館蔵）

ブッダはこのようにして涅槃に入った。彼は自分の死後について語らなかった。死後の世界についてブッダに尋ねた弟子もいた。しかし、ブッダはその質問に答えることはせず、この現世において戒を守り、心を正しくすることの方が重要だと教えた。

自分の肉体や意識がまもなくなくなることをブッダは知っていた。だが、ブッダは弟子たちに自分をたよりにし、法を依り所とせよと教えるのみであった。このような毅然《きぜん》とした態度に後の仏教徒たちもならったのである。

24 ブッダの葬儀——各部族に遺骨を分配

二十年ほど前のこと、バンコクのホテルでテレビを見ていた。インドからの帰り道であった。タイ語は分からないが、ある高僧の葬儀が行われていることは分かった。鉄でできているらしい箱が、かの僧侶の遺体を入れたまま、高く積まれた薪《まき》の上で焼かれていた。

私は『大パリニッバーナ経』に述べられたブッダの荼毘の様子を思い出した。かつてブッダの遺体を焼いたのと同じ方法が、今も採られているのだった。

齢八十に達したブッダは王舎城の霊鷲山を発ち、故郷カピラヴァスツへと向かって「最後の旅」に出た。この旅の途中でブッダが亡くなったことはすでに前項で述べたが、ブッダの臨終、さらに彼の葬儀などが『大パリニッバーナ経』には詳しく記されている。

この経典によれば、ブッダの遺体は新しい布とほぐされた綿で幾重にも包まれ、鉄の油槽《ゆそう》に入れられ、さらにもう一つの鉄槽で覆い、積まれた薪の上に載せられたと伝えられる。荼毘が終わる頃、天から水が流れてきて、火を消し、集まっていた住人たちも香水をかけたという。香水をかけたのは、できるかぎり多くの遺骨を残すためであったと思われる。鉄の槽を用いたのも同様の目的であったろう。

カトマンドゥのバグマティ川の岸で行われている火葬

ブッダの亡くなったクシナガラの町の住民であるマッラ族やブッダの属したシャカ族の間には、当時、遺骨崇拝の伝統がかなり強く残っていたと考えられる。

ブッダの臨終の直前、弟子アーナンダは師に「ご遺体をどのようにいたしましょうか」と問う。ブッダは「お前たちは遺体（あるいは遺骨、サリーラ）の供養にかかわるな」と言い残したというが、村人が行う葬儀自体を禁じたとは記されてはいない。

実際、壮大な葬儀が行われ、遺骨は集まってきた部族たちに分けられた。ゴータマの属したシャカ族、クシナガラのマッラ族など八つの部族が仏塔（ストゥーパ）を造ってブッダの遺骨を祀《まつ》った。以後、仏塔は仏教史において重要な役を果たすことになった。

25　ブッダの歯――二千年の時を超え伝わる

ガラスケースの中、綿の上に骨らしきものがいくつか展示されていた。近寄ってみると、ブッダの遺骨（舎利《しゃり》）であると書かれている。その横に舎利容器も置かれていた。

インドのニューデリーにある国立博物館の中のことだ。一九八五年頃のことだったと思う。現在は展示方法が変わっており、以前のようにガラスに鼻が触れるほど近くから見ることはできない。

並んでいた骨片の中には確かに犬歯と思われるものがあった。途方もなく大きい。それらの遺骨がブッダのものだという確証はないが、今日ではおそらくそうであろうと推定されている。

私は、焼かれた後、二千年以上も残ってきたブッダの大きな「犬歯」をしばしば思い出す。八十歳まで生きて、ガンジス川流域を半世紀近く遊行されたのであるから当然であろうが、常人離れして壮健な方であったのであろう。

一八九八年、インド地方行政官であったイギリス人W・ペッペが、ネパール国境に近いピプラハワ村の自分の荘園内にあった仏塔を発掘したところ、砂岩製の大きな石櫃《せきひつ》を発見した。その中に複数の舎利容器、さらに多数の宝石や装身具類が収められていた。一つの滑石製容器には「シャカ族のブッダ・世尊《せそん》の遺骨」と記されていた。この解読には異説もある。

ブッダの遺骨と推定されている骨（ニューデリー国立博物館蔵）

この遺骨の一部が現在、ニューデリーの国立博物館に展示されているのだ。このピプラハワから出土した遺骨の一部がタイ王室に渡され、さらにその部分が寄贈されて名古屋の日泰寺《にったいじ》に収められている。

「日泰寺」は「日本とタイの寺」を意味する。ブッダの遺骨を祀るために一九〇四年、超宗派の日暹寺《にっせんじ》が建てられ、後に日泰寺と改められた。

現在のインドでは遺骨崇拝はほとんど見られない。ブッダの遺骨がこれほどに大切にされたのは、ブッダの葬儀を行った部族たちのほとんどがアーリア系でないこと、インド北端に住んでいたことなどと関係すると思われる。遺骨崇拝の伝統は後、日本などの遺骨崇拝の伝統と結び付いた。

第二章　ブッダの面影と新しい仏

菩提樹
ブッダは菩提樹（ピッパラ）の下で悟りを開いたと伝えられる。
バンコクにて

26　椅子というシンボル——仏像のなかった時代も

数年前、ニューデリー国立博物館の仏教彫刻の展示室を歩いていると、縦横ともに数十センチの浮き彫りが目に入った。その中央には誰も坐っていない椅子が彫り出されていた。周囲の人々はその椅子に見入っている。椅子の上方には船の方向舵《ほうこうだ》のような輪（チャクラ）があった。この輪はブッダの説法を意味している。椅子には誰もいないが、この椅子はブッダがそこにいることを象徴している。

コルカタのインド博物館所蔵のバールフト仏塔の垣根には、人々が樹木を礼拝している浮き彫りがある。この樹木もブッダのシンボルだ。

ブッダが人の姿に表現されるのは紀元一世紀を待たねばならなかった。なぜ、それまでブッダは人の姿に表現されなかったのか、は大きな問題だ。

古代インドでは、仏教誕生以前のバラモン教においても神像は作られなかった。例えば、バラモン僧たちが行った火神に供物（油と餅《もち》）を入れるホーマ儀礼においても神像は用いられなかった。ヒンドゥー教の神々の像が作られたのは、紀元後のことであった。もっともバラモン教以前のインダス文明にあっては神像と思われるものが作られていた。

神像を儀礼に用いるのか否か、あるいは神やブッダを「人に似た姿」で表現するかどうかは、それぞれの宗教によって異なる。ユダヤ教やイスラム教にあっては神の像を作ることは禁じられている。

ブッダのシンボルである空席の椅子（ニューデリー国立博物館蔵）

仏教が伝えられる以前の日本にあって物部《もののべ》氏などの豪族は自分たちの神々の像を作らなかったであろう。日本の神道にあっては仏教の影響によって神像を作らないわけではないが、数は少ない。

今日、われわれは「仏教」と聞くと、まず仏像を思い浮かべるが、仏教の歴史の中で仏像のない時代があったことを覚えているべきであろう。今日でも、インド、ネパール、日本などではブッダの説法のシンボルとして法輪が用いられている。

27 仏教とヘレニズム――仏像の出現に深く関係

ブッダの年代に関しては、紀元前四六三年頃に生まれ、紀元前三八三年頃没という説が有力だ。彼の時代には、バラモン僧たちにそれまでのような威信はなく、武士や商人たちが勢力を得ていた。その武士や商人の階級が仏教を支えたのである。

当時、ガンジス川流域の上流にコーサラ国、下流にマガダ国が栄えており、ブッダはこの二つの王国の援助を得た。マガダ国の王ビンビサーラはブッダに竹林精舎《ちくりんしょうじゃ》を、コーサラ国の太子ジェータは資産家スダッタとともに祇園精舎を寄進した。

コーサラ国の南にはヴァッツァ国があり、さらにその南西にはアヴァンティ国があった。これらの国はやがて紀元前三一七年頃、マウリヤ王朝によって統一されることになる。

しかし、その直前、エジプト、ギリシャ、ペルシャ（イラン）、インドを巻き込んだ大事件が起きる。

アレクサンドロス大王の東方遠征だ。彼の軍はペルシャ帝国を亡ぼし、西北インドに進攻した。だが、インド南下を断念し、故郷に帰る途中、王はバビロンで客死した。大王の遠征に際しては兵のみではなく、さまざまな職種の人々が軍について移動した。また、彼は多数の捕虜を自国に連れて帰った。

哲学者アリストテレスに師事した大王は新ギリシャ語（コイネー）を公用語とし、図書館の創設を勧めた。自分の名を有する都市アレクサンドリアを七十造った。

彼はギリシャ文化とペルシャ文化との融合をはかった。この後、西アジア世界では古代イランの宗教であるゾロアスター教の力が強くなり、大乗仏教にも影響を与えたともいわれる。

大王が東方遠征に乗り出した紀元前三三四年（あるいは大王の没年紀元前三二三年）からローマのエジプト併合（紀元前三〇年）までをヘレニズム時代と呼ぶのが一般的だ。ヘレニズムは仏像の出現にも関係する。紀元一世紀、ガンダーラ地方で仏像が出現したが、それらの仏像には明らかにヘレニズムの影響が見られる。

2世紀頃のガンダーラ様式の仏像
（ニューデリー国立博物館蔵）

28　ブッダの姿の理想像——三十二の相を像に表現

ブッダ像の頭部は盛り上がっている。しばしばお椀《わん》を被《かぶ》せたようにも見える。あれは一体何かと人によく尋ねられる。実は、あの「お椀」は、ブッダがヨーガ行者であった証拠なのだ。ヨーガの実習がある段階に達すると、頭頂にある三つの頭蓋骨《ずがいこつ》のつなぎ目から体液が出てくるという。幼児の頭頂にはその接合点に小さな穴が開いている。大人の場合もそこがすこしへこんでいる。修行が進めば、その穴から汁が出て、やがて瘤《こぶ》のようになるという。

ブッダ像の頭のように大きくなった例を他では聞いたことがない。ブッダの頭頂にヨーガ行者としての印の瘤があったという言い伝えがあり、その大きさが強調されたのであろう。

この盛り上がりはブッダの智慧《ちえ》の象徴であり、サンスクリットでは「ウシュニーシャ」（仏《ぶっ》頂《ちょう》）という。後世、この頭頂の智慧あるいは功徳《くどく》が神格化されて仏頂尊として崇《あが》められてきた。

仏像に表現されたブッダの身体的特徴には、他にもいろいろある。例えば、耳たぶが異常に大きく長い。両手は直立した時に膝に届くほど長い。性器は隠れて見えない。

このような身体上の特徴は、インドにおいてブッダの理想的な身体的特徴と考えられてきた。

ブッダの亡くなった後、ブッダの姿の理想像が追求され、やがてその理想的なイメージは「三十二相」（特徴）としてまとめられた。

「三十二相」の一つは「瞳《ひとみ》の色が紺碧《こんぺき》である」ことだ。これはヒンドゥー教の神ヴィシュヌの瞳の色を思い出させる。理想的なブッダの姿のイメージをつくり上げる過程において仏教以外の伝統をも取り入れていったのであろう。

頭頂が盛り上がったブッダの像。ラオス、ヴィエンチャンのワット・シーサケート

それらの三十二の相は時代やテキストによって異なるが、紀元前つまり仏像が製作される以前に知られていた。仏像が作られるようになってからは「三十二相」のいくつかが像に表現されていった。ブッダの死後、彼のイメージは超人化、神格化の道を辿《たど》っていった。紀元後の大乗仏教の時代にはブッダのイメージの神格化はますます進んだのである。

29　カールラー石窟の仏塔――豪族の墓の形を模した

　水田を見ながら走っていた車を降りて、なだらかな坂を三十分ほど登ると岩山が大きな口を開けているのが見えた。近づいてみると、その「口」は岩山を横から掘りぬいた石窟《せっくつ》寺院の入り口であることが分かった。

　ここはムンバイから百キロほど東にあるカールラー石窟寺院だ。この内部に仏塔がある。

　古代インドでは岩山を横に掘り進めて石窟寺院を造る方法が一般的だった。切り出した石材を運んで望むところに積み上げて造る「石積み寺院」は紀元八、九世紀以降に造られるようになった。

　インド半島は逆三角形をしているが、その南半分は巨大な岩盤が露出しており、デカン高原と呼ばれる。「デカン」は南を意味する。この岩盤は西海岸に沿って高く、中央部では低く、東海岸ではやや高い。ムンバイから車で二時間ほど東南に向かうと西海岸に沿う千メートル近い丘陵を一気に登ることになる。このデカン高原の岩盤がむき出しになったところに数多くの石窟寺院が造られた。カールラーの他、仏教壁画で有名なアジャンタもそうした石窟寺院の例である。

現在のインドには約千の石窟が残されているが、このカールラー石窟はインド最大の仏教石窟だ。この石窟の造営は紀元一世紀頃といわれる。大乗仏教が出現する頃である。寄進者たちの銘が残っているが、商人の名が多い。

カールラー石窟の仏塔（横田憲治氏提供）

この石窟の間口と高さはそれぞれ十数メートル、奥行きが約四十メートルあり、一つの岩から掘り起こされたものだ。入り口にはヤクシャ（夜叉）とヤクシニー（夜叉女《やしやによ》）の浮き彫りがあり、堂の中には両側にそれぞれ十数本の柱がある。
堂の正面奥に立てた卵のような形の仏塔がある。その上に逆ピラミッド形の平頭《へいとう》と呼ばれる部分がある。仏塔は、土饅頭の上に樹を植えた豪族の墓の形を模したものであり、平頭はその樹を保護する柵《さく》であったと思われる。この場合の樹は再生の象徴であったろう。

30　ジャータカ物語（一）――象となり難民を助ける

象はインドでは人間と親しい関係を持ち続けてきた。性格は柔和で、堂々とした威風もある。カトマンドゥの旧市街を歩く巨象を見たことがある。まさに王者の風格だった。「象の歩き」とは、なまめかしい女性の形容だ。サリー姿の女性たちが歩くのを見ていると、なるほどと頷《うなず》ける。

ブッダが亡くなって、しばらく経つと、インドでは「ゴータマ・ブッダの前世は象であった」と考える人々が現れてきた。そのためには、輪廻が存在し、ブッダも輪廻の世界の中にあるという前提が必要だった。輪廻とは、古くなった衣を捨てて新しい衣に替えるように、人が死んで肉体が亡ぶと人の「魂」は新しい肉体をまとうという考え方だ（第4項）。

ブッダは輪廻説を弟子たちに説いたわけではなかったが、仏滅後、二、三世紀を経ると仏教徒の間でも輪廻説が信じられるようになった。それにつれてブッダの過去世について語られ始めた。「ブッダは過去世において象や猿の姿をとって修行されたが、その功徳によって今生においで悟りを開かれた」というストーリー、つまり、ジャータカ（過去世《かこぜ》物語、本生《ほんじょう》物語）が生まれてきた。
ジャータカはその話をブッダ自身が弟子たちに語るという形式を採っている。「ジャータ」とはブッダの生まれを意味し、「カ」とは「〜に関係する話」という意味である。

自分の身を犠牲にした象とその肉を食べる難民たち。
アジャンタ第17窟壁画

有名なジャータカに「象として修行したブッダの話」（象本生《ぞうほんじょう》）がある。

あるとき、森を彷徨《さまよ》っていた難民たちが象に出会う。水の在《あ》り処《か》を尋ねられた象は水のある場所を教え、「そこに象が死んでいる。その肉を食べればよい」と付け加えた。難民たちが水飲み場に着くと象が死んでいたので、彼らはその肉を食べた、という。象は修行中のブッダであり、先回りをして死んで横たわり、難民たちを助けたのである。

ジャータカではブッダの自己犠牲が中心的テーマとなる。次項でもジャータカについて考えてみたい。

31　ジャータカ物語（二）――人々のため自分を犠牲に

前項は象となって修行したブッダのジャータカについて述べた。今回は猿となって仲間たちを助けたブッダの話をしよう。

猿は実にすばしっこい。昔、カトマンドゥのある寺院で祖先崇拝の儀式を見ていた時のこと、猿が突然、塀を飛び下りてきて、小麦粉で作った供養団子を持ち去った。その間、二秒とかからず、法要は粛々《しゆくしゆく》と進められた。

猿となったブッダの代表格は「大猿本生」の大猿である。この大猿は仲間を引き連れて、川辺にある国王の果樹園でマンゴーの実を食べていたところ、国王の兵士に見つかってしまう。大猿は藤の蔓《つる》を足に結び付け、対岸の木の枝を摑んで橋を作り、仲間の猿たちを逃がした。力尽きて木から落下する大猿を、王が命じて兵士たちに受けとめさせるが、菩薩であった大猿は国王に説法した後、死んでしまう。

前項の象本生、本項の大猿本生のようなブッダのジャータカは、紀元前二世紀頃から、つまりインド初期仏教の後半において盛んに作られるようになった。

ジャータカではブッダは過去世と今生において二つの生涯を生きる。このようなことは、ゴータマ・ブッダの在世当時にはなかった考え方だ。

力尽きて木から落下した大猿を布で受けとめる兵士たち。
アジャンタ第17窟壁画

ジャータカには、歴史的人物としてのゴータマ・ブッダの生涯が映し出されている。出家し、修行し、悟る。そして、教えを説いて人々を導き、涅槃に入った。このブッダの生涯をジャータカの編者たちは自分たち流に読みかえる。すなわち、太子はそれまでのものをすべて捨てるために出家した。ジャータカでは、太子の出家はブッダが猿や象の姿をとったことに対応している。

人々のために自分を犠牲にすることは、ブッダの涅槃に対応する。つまり、人々はブッダの涅槃を自分たちのために犠牲になったと捉えたのだ。自分の肉体を捧げるために火の中に自ら飛び込んだ兎《うさぎ》を見るように人々はブッダを見守った。

32　西方との交易と仏教徒——思想や文化面にも影響

コルカタのインド博物館でインド貨幣のコレクションを見たことがある。二千年以上も前のものから年代順に展示されていた。それらを見ていて、奇妙なことに気づいた。

紀元二、三世紀頃までの、硬貨のほとんどは金貨であったが、それらに刻まれていた王あるいは神らしき者の姿はギリシャ・ローマ的だった。「インドの金貨はないのか」と思って探すと、四世紀のグプタ王朝時代には、いわゆるインド的なイメージの王や神が刻まれていた。

後で知ったことだが、古代インドではローマの貨幣が用いられていたのだ。通貨共通性を設けていたという人もいる。紀元前からインド西部および南部の商人たちは、ローマ共和国やそれに続くローマ帝国の支配下にあった地中海地方との交易を行っていた。

今日、西北および南インドにはローマ貨幣の貯蔵所の跡が数多く見つかっている。交易を通じて得た財によって商人たちは仏教を支援したのだ。

インドを最初に統一したマウリヤ王朝は、アショーカ王の死後、急速に弱体化した。紀元前二世紀頃からインド西北部にバクトリアのギリシャ人、遊牧イラン系のパルティア（安息）人

ガンダーラ様式のブッダ誕生の場面（ベルリン、国立インド美術館蔵）

やサカ族が侵入した。さらに紀元一世紀なかばにイラン系のクシャーン朝が建てられた。この王朝はパルティアと中央インドを結ぶ貿易路を独占して繁栄した。

この時期、インド人たちは、ヘレニズム的世界から、貿易による利益のみではなく、宗教的、文化的な刺激も受けていた。今日のペシャワル近くのガンダーラ地方で生まれた仏像はその一例だ。さらに、その影響は造形芸術の分野にとどまらず、思想の分野にも影響を与えていたと思われる。

インドでは紀元一世紀頃、大乗仏教が生まれた（第3項）。大乗仏教の起源については今日よく分かっていない。だが、ヘレニズム的世界が仏教思想にも大きなインパクトを与えたことは想像できる。

33 ガンダーラの仏像――信仰実践の依り所

第26項で述べたように、古代インドのバラモン教においては神々の像は作られなかった。仏教の時代においても、ブッダを人間の姿の像に表すことはなかった。バラモンたちや仏教徒たちの間に神や仏を人間の姿に表現することに対するタブーがあったのだ。

ブッダを椅子や樹木で表していたのであるから、彼の存在を図像によって表現したいという願いはあったにちがいない。紀元一世紀頃、タブーはガンダーラの地で破られた。ガンダーラとは、狭くは今日のパキスタン北部のペシャワル盆地をいうが、広くはアフガニスタンのヒンドゥークシ山脈南東部から、パキスタンのスワート、タキシラなどを含む地域を指す。

「ギリシャ・ローマでは神々が人間の姿で表現されている。ならば、ブッダの姿を人間の姿で表現してもよいのではないか」とガンダーラの地で誰かが考えた。この発想は、ユダヤ教やイスラム教の世界では実現されなかっただろう。だが、インドは「人間に似た神々の図像化」を許した。この後、インドでは仏や神の像が作り続けられた。

ガンダーラ美術の作例は紀元前二世紀頃まで遡《さかのぼ》るが、仏像の出現は一世紀頃であり、その最盛期は二〜三世紀だ。これはクシャーン朝の隆盛期と重なる。その後、五世紀頃までガンダーラの造形活動は続いた。ただ、ガンダーラではヒンドゥー教の神々の像はほとんど作られなかった。ガンダーラの仏たちは髪を結うが、装身具を身に着けない。ギリシャ的な衣を纏《まと》うが、比丘の姿で表される。ブッダの誕生、出城、成道、涅槃などブッダの伝記を伝える百二十ほどの場面が浮き彫りに表現されている。

ガンダーラ様式のブッダ説法の場面（ベルリン、国立インド博物館蔵）

仏像が生まれたことは後の仏教徒の実践や信仰に大きな影響を及ぼした。眼前に仏の姿をありありと見る行法（観想法、サーダナ）がインドにはあるが、仏像はこの行法の補助として用いられるようになった。後世、大乗仏教においてマンダラが登場するが、仏像はマンダラの重要な要素となった。

34　マトゥラーの仏像——インド様式のモデルに

デリーから二百キロほど南南東にあるタージ・マハルとアーグラー城を訪れたことがある。妃の死を悲しんで壮麗な廟《びょう》タージ・マハルを建て、国勢をも傾けてしまった王シャー・ジャハーンは息子によってアーグラー城に幽閉されてしまう。

このイスラム教徒の廟タージ・マハルには神の像はなかったが、百合に似た花の装飾が白い大理石に彫り込まれていた。

アーグラーの町から四十キロほどデリーの方角に戻ると、マトゥラーの町がある。ここはヒンドゥー教の神クリシュナの聖地として知られている。ヒンドゥー教では、世界を創造するブラフマー（梵天）、それを維持するヴィシュヌとそれを破壊するシヴァが三主要神であるが、元来、歴史的人物であったクリシュナは紀元前にすでにヴィシュヌ神と同一視されていた。マトゥラーは、古代からヒンドゥー教の聖地として今日に至っている。

この町の博物館を訪れると、淡い赤褐色の砂岩に彫られた仏像が並んでいた。青黒い硬い石に刻まれたきりっとしたガンダーラ仏とは異なった感じを受ける。マトゥラー仏の衣の襞《ひだ》は、浅く表現されているのみで、端正な比丘の姿で表されている。明るく暖かな色の石に彫られたブッダたちの顔は丸みをおびてふくよかだ。

ガンダーラ様式の仏たちは今日のパキスタン北部では有名になったが、後世まで全インドに広がることはなかった。ガンダーラ仏にインド人たちは満足することができなかったようだ。

一方、マトゥラー様式の仏たちは、二、三世紀にその最盛期を迎え、その後も続いて作られ、インドの仏像の様式のモデルとなった。マトゥラーでは仏像に加えて、ヒンドゥー教の神々やジャイナ教の師たちの像が後世に至るまで作られた。ジャイナ教とは、ゴータマ・ブッダとほとんど同時代のマハーヴィーラによって開かれた非アーリア系の宗教であり、禁欲的な生活をすることで知られている。

マトゥラー様式の仏三尊像
(ニューデリー国立博物館蔵)

35　大乗仏教の仏――「神的存在」として崇拝

　ガンダーラ地方で仏像が生まれ、マトゥラーでもまた新しい仏像が作られつつあった紀元一世紀頃、インド仏教は大きな変革期を迎えていた。「大きな乗り物」と呼ばれる新しい仏教が台頭していたのである（第3項）。大乗仏教の起源はよく分かっていないが、インド初期仏教と大乗仏教との大きな違いは、ブッダと仏教徒との関係にある。

　初期仏教ではブッダは人々の師であり、人間以上のものではなかった。僧たちは教団の中で戒律を守って修行し、心の汚れ（煩悩《ぼんのう》）をなくしていって、悟りに至ろうとした。その際、ブッダは修行者たちのモデルであり、導師であった。

　大乗仏教では、初期仏教の僧たちと同様に、僧たちは戒律を守って修行を続けたのであるが、それまでにない崇拝の形が生まれた。大乗仏教では、「神的存在」として崇拝されるブッダが登場したのだ。長期間苦しい修行をするというよりも、新しいブッダの名を呼べば、その者は救われるという信仰が生まれた。このような崇拝の形は「帰依」と呼ぶことができるが、この伝統は中国を通って日本の浄土教に生きている。そのような帰依の対象としてのブッダの代表格が阿弥陀仏である。

インドで阿弥陀仏が生まれてきた頃、ヒンドゥー教においても大きな変化があった。ヴィシュヌ神への帰依（バクティ）が勢力を得たのだ。紀元二世紀頃の成立と考えられる聖典『バガヴァッド・ギーター』（神の歌）では、ヴィシュヌ神は個々人の魂の救い主として登場する。ヒンドゥー教では、それまでそのような魂の救済者は知られていなかった。ヴィシュヌは、イエスのように「私のもとに来なさい」と人々に呼びかけ、戦場で亡くなった者たちの魂は、ヴィシュヌのもとに行って救いを得るとされた。

5世紀頃のヴィシュヌ神像
（ニューデリー国立博物館蔵）

阿弥陀仏への帰依とヴィシュヌへの帰依は同種の崇拝行為だ。このような変化は、インドの中から生まれたと考えるよりも、「神への帰依」を知っていたヘレニズム世界からの影響と考えるべきであろう。

36　阿弥陀仏（一）――浄土教信仰の中で登場

かつて妻の母親が私に尋ねた。「お釈迦さんと阿弥陀さんとはどう違うのか」。私は答えることができなかった。

かの質問には難しい問題があった。まず「お釈迦さん」が歴史的人物としてのゴータマを指すのか、後世、超人化された仏を指すのか、不明だった。というのは、シャカ族のゴータマも後世において超人化された釈迦牟尼も「お釈迦さん」と呼ばれる。

義母に「お釈迦さんとはゴータマ・ブッダのことか、後世の釈迦牟尼如来のことか」と聞くことはできなかった。彼女にはその区別はなかったにちがいない。というよりも、そのような区別をしないことが仏教の特徴なのである。仏教徒は、歴史的人物としてのブッダと、時代が下るにつれて人々の信仰の中で生まれてきた仏との両者を、イメージや働きが異なっていても、ブッダとして崇めてきた。

先ほどの質問が、もしも「超人化された釈迦牟尼と浄土教信仰の中で生まれてきた阿弥陀仏との違いは何か」という問いであったならば、質問はますます難しくなる。それこそインド初期仏教と大乗仏教との違いを説明することになってしまう。

日本では阿弥陀仏を本尊とする宗派として、浄土宗、浄土真宗などがある。それらの宗派では『阿弥陀経』『無量寿経《むりょうじゅきょう》』と『観《かん》無量寿経《むりょうじゅきょう》』（浄土三部経）が重要であるが、これらの経典では阿弥陀仏が中心の仏として登場する。『阿弥陀経』と『無量寿経』は、一～三世紀頃の成立であろう。『観無量寿経』はインドで作られた経典ではないかもしれない。

ネパール仏教の阿弥陀仏。
ネパール画家G・ヴァジュラーチャールヤ画

『阿弥陀経』では世尊が弟子舎利弗にいう。「この国から西に十万・千万の仏国土を過ぎて、極楽と名づけられる世界があり、そこに無量寿と呼ばれる仏が法を説いておられる」。この無量寿は阿弥陀仏に他ならない。またこの仏は無量光とも呼ばれる。一方、舎利弗に説いている世尊は釈迦牟尼なのである。阿弥陀仏と世尊はどのような関係にあるのだろうか。

37　阿弥陀仏（二）――実在者が超越的存在へ

前項では「超人化された釈迦牟尼」という表現を用いたが、阿弥陀仏は仏教史の中で超人化されていった仏の一人であったことはいうまでもない。大乗経典の説法者（教主）としての世尊（仏）もまた超人化された釈迦牟尼の一人であった。仏教経典は、一般に説法者である世尊が「新しく生まれた仏」を紹介したり、自身の顔面から生み出したりする。このようにして、経典ではしばしば、教主と教主によって述べられる仏との二人の仏が登場するのである。

大乗仏教の興隆とともに急速に釈迦牟尼のイメージは変化していった。すなわち、出家し、修行の末、悟りを開き、弟子たちに教えを説いて、涅槃に入った、というような歴史的存在としての要素を少なくし、歴史的存在とは別の「生涯」を有する仏として生まれ変わっていった。

例えば、『無量寿経』には、ゴータマ・ブッダの生涯の浄土教バージョンが語られている。すなわち、かつて法蔵《ほうぞう》という名の比丘は世自在王《せじざいおう》という名の仏のもとで菩薩として修行をした、という。これはゴータマが出家した後、修行したことに対応する。

法蔵は人々を救う願を建てる。「もしも私が悟りを得た時、人々が私の名を聞いて、私の国

（極楽浄土）に生まれたいと願っても、私の国に生まれないようであれば、私は悟りを得させん」というような願を数多く建てたのである。

阿弥陀仏のブロンズ像。
カトマンドゥ盆地、パタンのクワー寺院にて

気も遠くなるような長い修行の後、法蔵菩薩は完全な悟りを得られ、阿弥陀仏となった、と伝えられる。名を唱えるのみで仏の国に生まれることができるというこの考え方が念仏の伝統となった。

阿弥陀仏は自身の仏国土で法を説いておられる、と教主である世尊釈迦牟尼は弟子に語る。『無量寿経』にも『阿弥陀経』にも阿弥陀仏の涅槃については語られていない。それはおそらく、ゴータマと違って、阿弥陀仏が肉体を有していない仏、つまりすでに涅槃に入った仏であることを考慮したものであろう。

38 浄土と娑婆——穢れた世から仏の国へ

昔、父は湯船に浸かりながら「ああ、極楽、極楽」と言っていた。妻もまた叔母の一人が実家の風呂で決まってそう言っていたのを覚えているという。

極楽とは阿弥陀仏が住む国の名だ。詳しくは極楽浄土という。サンスクリットで「極楽」は「スカ・ヴァティー」という。「楽（スカ）を有するところ（ヴァティー）」を意味する。「有楽町」の有楽が直訳に近い。

今日、「浄土」というとほとんどの場合、極楽浄土のことと思われている。だが「浄土」は固有名詞ではなく、清浄なる国土を意味する一般名詞だ。阿弥陀仏の住む国土のみを指すわけではない。すべての仏は自身の住む国土つまり浄土を有している。つまり、仏国土はすべて浄土なのである。

ところで、仏教では、原則として、一つの仏国土には一人の仏しか住むことができないと考えられている。それゆえ、極楽浄土におられる仏は、阿弥陀仏のみなのである。

後世、密教の時代になると大日如来と呼ばれる仏が登場する。この仏の浄土つまり国土である蓮華蔵《れんげぞう》世界に住まわれる仏は、大日如来以外にはいない。

われわれの住む世界にもただ一人の仏、釈迦牟尼がおられる。この仏はこの世界に現れたゴータマ・ブッダのイメージを濃厚に残している。

昔「娑婆《しゃば》の空気はうまいな」と、まだ幼かった娘が呟いたので笑った覚えがある。テレビドラマで覚えたのであろう。私たちの住む世界を娑婆（あるいは娑婆世界）という。「娑婆」とはサンスクリットで「サバー」であり、この語は元来、集会場、堂などを意味する。

阿弥陀仏への信仰において、私たちが住むこの娑婆世界は穢土《えど》つまり不浄なる国土と考えられる。浄土教徒たちは、穢《けが》れに満ちた娑婆世界を離れて阿弥陀仏の住む極楽浄土に行くことを願うのである。

浄土は娑婆世界から遠く離れている。だが、人は浄土をこの娑婆世界から見ることができると浄土経典はいう。見ることはできるが、その浄土に生まれるのは死後だというのである。

左手に衣の端を摑むブッダ。
パタンのクワー寺院にて

39　浄土はあるのか――答えることはできない

二〇一二年秋学期、米国のカリフォルニア大学のバークリー校で仏教学の授業を担当した。帰国直前、校門の前で一人の男性に呼び止められた。彼の手には『新約聖書』があった。

「これを読んだことがあるか」と彼は私に言った。

「読んだことはあるが、私は仏教徒だ」

「そうか。仏教では死後の世界はあるのか」

「時代と地域によって違うから簡単には言えない」

明らかに男性は私の答えに納得していない。

「死後の世界はあるともないとも言えない」と私がつけ加えると、男の表情はすこしばかり険しくなった。からかわれていると思ったらしい。

「死に臨んで人が仏に身を任す時には、浄土があるとかないとかを言うことは許されない。その際、人は口をつぐむべきなのだ」

男の表情がすこしゆるんだのを見届けると私は教室に急いだ。

日本でも「浄土はあるのか、ないのか」とよく聞かれる。あのアメリカ人には妙な理屈をこねて煙《けむ》に巻いたが、正直なところ、私にはよく分からない。

確かなことは、すべての人、さらにはすべての生類に死期が訪れるということだ。人は刻々と死に向かって進んでいる。死のことを思うたびに人は「小さな死」を迎えているといえよう。そして心肺停止の時、誰もが「大きな死」を迎える。生きている時に人は浄土を垣間見《かいまみ》ることができると前述した。人は娑婆に生きているうちに浄土を見ることができる、と信じて修行した僧たちが古代インドには実際にいたのである。

比丘姿の阿弥陀（上）と宝冠を被る阿弥陀（下）。カトマンドゥのスワヤンブー仏塔にて

阿弥陀仏はまた無量光仏とも呼ばれる。この仏は太陽や月の光をも超える光を放ち、一切の生類を包むと信じられてきた。とするならば、浄土に住むこの仏の光を私たちも被っているはずなのである。浄土を見ることができ、そこに住む仏の光を被ることができるという意味では、浄土は存在するといえるかもしれない。だが、浄土に行く時、つまり、死を迎える時、人は自らのすべてを投げ打つのであるから、浄土があるとかないとかを、云々することはできない。

40 菩薩たち——悟りのために力尽くす

「あの人は菩薩のような人だ」という言葉を聞くことがある。人のために尽くす優しい人だ、という意味だ。

菩薩とは、ボーディ・サットヴァの音写である。ボーディとは悟りのことであり、サットヴァとはここでは勇気を意味する。チベットでもサットヴァは「セムパー」(勇気ある心)と訳された。ならばボーディ・サットヴァは「悟り(を得ること)への勇気」を意味すると思われるかもしれない。だが、サンスクリットの複合語に関する文法法則によって「悟りへの勇気を有する者」を意味する。

ボーディ・サットヴァは、『般若心経』にも見られるように、菩提薩埵《ぼだいさった》と音写されることもある。法蔵という名の菩薩が修行して阿弥陀仏となったことはすでに述べた。この菩薩は悟りへの勇気を有した者であった。大乗仏教以前の初期仏教の僧たちも悟りへの勇気を有していたが、彼らは自らの悟りを得ることに専念していた。一方、大乗仏教は自らの悟りに加えて、他人の悟りをも視野に入れた。大乗仏教の精神を実行する菩薩たちは、特に他者が悟りを得るために人々（衆生《しゅじょう》）とともに歩む者たちであった。

初期大乗経典には夥《おびただ》しい数の菩薩が登場する。仏教経典のはじめには、ブッダの説法が行われた場所と聴衆が述べられている。その聴衆の中にさまざまな菩薩たちの名が挙げられている。よく知られた菩薩に観音菩薩（観自在菩薩）、文殊菩薩、普賢《ふげん》菩薩、弥勒《みろく》菩薩などがいる。

法蔵菩薩は仏になった、つまり、成仏《じょうぶつ》したのだが、観音菩薩が成仏したとは聞いたことがない。この菩薩は自らの成仏には関係なく人々を救い続けるのである。また文殊や普賢は悟りを得ているにもかかわらず、成仏を拒否したと言われる。

蓮華を持つ観自在菩薩
（カトマンドゥ・チャウニーのネパール国立博物館蔵）

後世、中国、日本などでは歴史上の実在の人物をも菩薩の名で呼ぶようになった。例えば大乗仏教に理論的モデルを与えた龍樹《りゅうじゅ》（ナーガールジュナ、二〜三世紀）は龍樹菩薩と呼ばれ、大乗仏教の理論的大成者である世親《せしん》（天親《てんじん》、五世紀頃）も菩薩と呼ばれる。

41　観音菩薩（一）――大乗仏教経典では男性

「観音ボサツは女性だ」といって、私の妹は譲らない。インド、ネパール、チベットですべての菩薩は男性と決まっていると私が言ってもだめである。

「証拠を見せてあげるから私の町のお寺にいらっしゃい」と言う。

たまたま所用があって愛知県の知多半島にあるその寺の前を通りかかった。私は眼を疑った。巨大な観音の像があり、その観音は自分の乳房を赤子にふくませていた。たしかに観音には女性的要素がある。江戸期には隠れキリシタンが観音に聖母マリアを重ねてマリア観音の像を作った。

タイのバンコクの中国人街に行った時に、観音の姿が三十ほど描かれたポスターを見つけた。すべて美女に描かれており、「娘娘」（ニャンニャン）と書かれている。タイのみではなく、中国でも、例えば北京《ペキン》などでは観音は女性と信じている人が多い。

観音菩薩は男性でもなく女性でもなく、性を超越しているという人もいる。これほど材料が揃ってしまうと、言いにくいのであるが、観音は少なくとも大乗仏教経典に関する限り、男性なのである。そもそも菩薩、すなわちボーディ・サットヴァは男性名詞なのだ。

玄奘訳の『般若心経』には「観自在菩薩が般若波羅蜜多《はんにゃはらみた》の行を実践していた時」云々とあるが、この観自在は観音と同じ菩薩なのであり、男性である。一方、般若波羅蜜多（智慧の完成）は女神なのである。

観音（アヴァローキタ・スヴァラ）とは「〔衆生の声つまり〕音（スヴァラ）を観《み》る者（アヴァローキタ）」のことだと考えられている。「観る」は「知る」の意味であろう。観自在（アヴァローキタ・イーシュヴァラ）は「〔衆生を〕観ることに自在なる者（イーシュヴァラ）」を意味する。

白観自在。カトマンドゥ・チャウニーのネパール国立博物館蔵の画の一部

今日残っているサンスクリット写本には、スヴァラとイーシュヴァラの二つの読みがあるので、中国では観音と観自在の二つの漢訳が生まれた。チベットでは観自在の意味で訳されている。

42 観音菩薩（二）——蓮華と与願印、独特の姿

今にも歩き出すかのように片足に重点を置き、右の手のひらを前に向けて「願いをかなえる仕草」（与願印）をし、左の手で蓮華を持つ観音菩薩（観自在菩薩）。体を揺らせて踊るわけでもなく、激しい心の動きを伝えるのでもない。涼しげで清らかなたたずまいである。観音のこの姿は長い年月を通じて今日まで保たれてきた。

観音菩薩がいつ頃どの地方で生まれたのかは不明である。この菩薩の起源を西アジア生まれの女神に求める研究者もいる。紀元二世紀頃成立した『観音経』には登場しているが、そこにこの菩薩の姿が明確に述べられているわけではない。

インドでいつ頃から観音の像が作られたのかも定かでないが、ニューデリー国立博物館には五世紀末頃の観音像が見られる。

腰をわずかにひねり蓮華を持つ例の姿はアジャンタ石窟（主として五世紀から七世紀）やエローラ石窟（主として六世紀から八世紀）においてしばしば見られる。

右手で与願印を結び、左手で蓮華を持つというこの姿の観音は、聖観音《しょうかんのん》と呼ばれてきた。

後世、この菩薩はさまざまな姿で表現されるようになった。馬を頭に戴く馬頭観音、人々を救うために毒を飲んで頸《くび》が青くなったシヴァ神の姿に影響を受けた青頸《しょうきょう》観自在などが登場する。我が国においてこれらの観音が変化観音と呼ばれることはあるが、これは中国以来の呼び名であって、インドにこの呼び方はない。

パーラ王朝（八～十二世紀）の時代になると観音像は盛んに作られたようであり、今日かなりの数の作例が残されている。これらの観音像もほとんどの場合左手には蓮華を持ち、右手に与願印を結んでいる。

左手に蓮華を持つ観音菩薩像
（ニューデリー国立博物館蔵）

観音の髪は一般に髪髻冠《はつけいかん》（ジャター・ムクタ）と呼ばれる。行者の長い髪《ジャター》を冠状に結ったものだ。行者は髪を切らず、長くなった髪を頭上で巻く。観音菩薩は元来、悟りを求める行者であり、長い髪をのばしていると考えられた。頭を剃《そ》った観音は見たことがない。

43　観音菩薩（三）――救いを求め幅広い信仰

「もしもある人が処刑されようとしたとき、観自在菩薩の名を大声で呼ぶならば、処刑人の刀は砕け散るだろう」

「もしも人が川で流されても、観自在菩薩の名を大声で呼ぶならば、人はすぐに浅瀬を見つけるだろう」

「憎悪に狂う者たちでも観自在菩薩を崇め敬うとき、憎悪の心は消える」

このように『観音経』は観音の功徳を述べる。すこし願い過ぎなのではないかと思うが、当時の人々は観音には何を願っても許される、と考えたらしい。

この経典は、前項にも触れたように紀元二世紀頃の成立である。この頃、インド人の隊商は船に乗ったり、キャラバンを組んで砂漠を渡ったりしていた。この経典は商人たちのお守りであったろう。当時、仏教はこうした商人たちによって支えられていたのである。財宝を積んで航海する商人たちが遭難し、人を食らう魔女たちの島に漂着しても、観自在の名を大声で呼ぶならばその島から脱出できるだろう、という。

『観音経』はもともと独立の経典であったが、紀元二〇〇年頃までに『法華経《ほけきよう》』の中の一章として組み込まれた。『法華経』ほど日本の仏教に多大な影響を与えた経典はないであろう。

『法華経』の一章としての『観音経』は「あらゆる方向に顔を向けたほとけの章」と呼ばれる。このほとけは、十一面観音を思い起こさせる。この場合の十一とは、東南西北の四方、東南、南西などの四つの中間の方向、上と下に加えて中央をいう。つまり、あらゆる方向を十一の方角で表しているのである。

『観音経』には観音が三十三の変化身を示すと説かれている。この菩薩は仏、帝釈天《たいしやくてん》、毘沙《びしや》門《もん》、長者、比丘、比丘尼などの三十三の姿をとって人々を救うというのである。

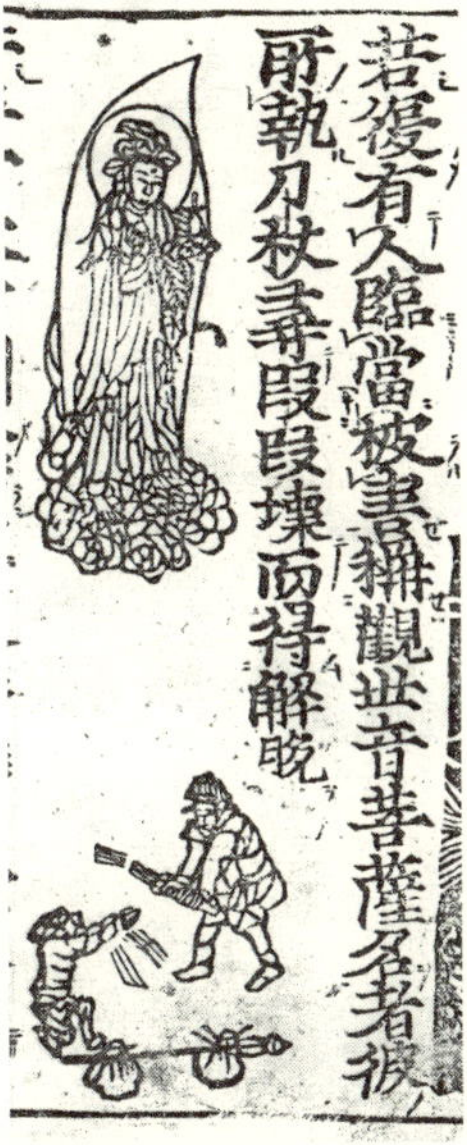

処刑人の刀も砕く観音の図
（個人蔵）

中国では唐宋《とうそう》以来、「三十三変化身」の信仰が盛んになり、この信仰は日本にも入っている。『観音経』はインド、中央アジア、チベット、モンゴル、中国、日本など実に広い地域でよく読まれてきた。

44　『法華経』——融合と久遠の仏を説く

『法華経』は『妙法蓮華経』あるいは『正法華経』とも呼ばれる。サンスクリットでは「サド・ダルマ・プンダリーカ・スートラ」という。「サド」は妙、正を意味する。「ダルマ」は法、教えのことだ。「プンダリーカ」は白い蓮を意味する。したがって、この経のタイトルは「白い蓮のような正しい教え」を意味する。

仏教の典籍をまとめて三蔵（経、律、論）という。三蔵法師の三蔵である。経（スートラ）とは、釈迦牟尼によって説かれたと考えられている教えであり、「このように私は聞いた（如是我聞）。ある時、世尊はこれこれの場所においてこれらの聴衆と一緒であった」云々という出だしで始まる文献をいう。

律（ヴィナヤ）は仏教教団における僧たちの生活規範およびそれに反した時の罰則を述べたものだ。論（シャーストラ）とは個々の思想家の著作であり、著者の名前が伝えられている。『法華経』はそのような三蔵の中の一つの経のジャンルに属する。

インドでは経や論に対してしばしばニックネームが付けられる。『論理の花房』『光の環』といった具合だ。『妙法蓮華経』の場合も「白蓮華と呼ばれる妙法」の意味である。

この大乗経典のポイントは二つある。一つは大乗仏教以前の初期仏教と大乗仏教は区別する必要がないと主張することである。他の大乗仏教の経典が初期仏教（いわゆる小乗仏教）を「見下していた」ことを考えるならば、これは大きな特徴であった。『法華経』が後世、重要視された理由の一つはここにあると思われる。

吉祥天（ラクシュミー）の足の下の蓮華。
エローラ第16窟

もう一つは久遠《くおん》の仏を説くことである。この経典の中で、仏みずからが「シャカ族の太子に生まれて、出家して修行し、悟りに至った、かの仏は私の方便なのである」と述べる。すなわち、久遠の仏はシャカ族の太子以前に存在しており、現在もさまざまに姿を変えて衆生を救っているという。しかも、『法華経』の久遠仏はこの娑婆世界の中で人々に直接働きかけているというのである。

45 サールナート僧院——出家僧が学ぶ「大学」

巨大な僧院の遺跡が目の前に広がっている。僧坊や講堂の基礎、仏塔の基壇、僧院を囲む塀の一部が残るのみだが、当時の規模の大きさを窺わせる。

ここは、ブッダの初回説法の地サールナートに建てられた僧院の跡だ。この僧院は紀元四、五世紀から十二世紀頃まであった。最盛時には千人以上の僧たちが瞑想や学習をした。今日でいえば大学である。七世紀の前半にインドに留学した玄奘もこの地を訪れており、この地の様子を旅行記『大唐西域記《だいとうさいいきき》』に記している。

元来、仏教は出家僧たちの集団であるサンガを中心としていたために、僧たちは儀式の行い方や経典を僧院で学んだ。彼らはそれぞれの家を出ており、したがって僧院以外に学ぶところはなかった。

一方、ヒンドゥー教徒たちは儀式の行い方や教義をそれぞれの家で父や祖父を師として学んだ。有名な師のもとにある程度の人数が集まることはあったが、仏教僧院のような大きな僧院はなかった。

現在もタイやラオスなどでは男子は一定期間テーラヴァーダ仏教の比丘になって修行しなければならない。現在のタイのプミポン国王も比丘となった。彼の比丘姿の写真が町では人気である。

食事をとる若い僧たち。ヴィエンチャンの僧院にて

ラオスの首都ヴィエンチャンに行ったことがあるが、この都市の中心街にはいくつかの仏教僧院があった。私が訪れた僧院は日本でいう短期大学のシステムで運営されていた。試験が終わったところらしく、学生たちの成績一覧が張り出されていた。単位を落とした者もいた。

私が訪れた時には正午すこし前で若い僧たちが食事をしていた。テーラヴァーダ仏教では、正午を過ぎると食事をしてはならない。橙色の僧衣の若者たちは町で布施された食事を芝の上の机に置き、数名ずつで食べていた。焼いた鶏の腿肉《ももにく》、大きな焼き魚、白米、漬物らしきもの、なかなかのごちそうだった。比丘たちが菜食主義者である必要はない。施されたものを食べるのである。

46 『般若心経』の女神——女性名詞で「悟り」表現

日本でよく読まれている玄奘訳の『般若心経』（心経）では、観自在が修行で得た悟りの内容を仏弟子舎利子《しゃりし》（舎利弗）に述べている。

悟りの智慧を般若という。波羅蜜多とは「彼岸に至った者」（女神）あるいは完成を意味するが、菩薩の修行の六綱目、すなわち、布施、持戒、精進、忍辱《にんにく》（耐え忍ぶこと）、禅定（瞑想）、智慧をいう。

サンスクリットで「智慧」を「プラジュニャー」という。その訛った形が「パンニャー」だが、これが般若と音写された。このように般若波羅蜜多とは、智慧（般若）という菩薩の修行綱目（波羅蜜多）をいうのである。『心経』によれば般若の立場では五蘊（第16項）なく、眼・耳・鼻などの感覚器官なく、色形《いろかたち》・声・香などの感覚器官の対象もなく、四つの真理（苦集滅道。第18項）なく、老死なく、老死の尽きることもない、云々という。ならば、当然、般若波羅蜜多もないというべきであろう。

しかし、『心経』は般若波羅蜜多を否定しないばかりか、三世（過去・現在・未来）の諸仏は般若波羅蜜多に依って悟りを得たという。さらに般若波羅蜜多は無上の真言《しんごん》（マントラ）であり、真実の言葉であると讃嘆する。その真言はサンスクリットで「ガテー、ガテー、パーラガテー、パーラサンガテー、ボーディ、スヴァーハー」である。

女神般若波羅蜜多の壁画。
北インド、ラダックのアルチ寺院にて（大矢泰司氏提供）

「ガテー」とは女性名詞「ガター」（行きたる女性）の呼びかけの形だ。「行きたる女性」とは悟り、つまり、般若に他ならない。ここでは般若が女神と考えられている。「パーラガテー」は「向こう岸に行った女性（女神）よ」を、「パーラサンガテー」は「向こう岸に行き着いた女性よ」を意味する。「ボーディ」は「悟りよ」のことだ。「スヴァーハー」は掛け声である。

現存する最古の『心経』のサンスクリット写本には「般若波羅蜜多の心」とあり、「経」の文字はない。この心（フリダヤ）とは真言を意味する。つまり、『心経』はいわゆる経ではなく、女神般若波羅蜜多の称名（名を称えること）を勧めるメモなのである。

47 『般若心経』の仏——瞑想下で念力を発揮

玄奘訳の『心経』はかなり短い。この短い『心経』の他に倍近くの長さの『心経』がある。短いほうを「小本」、長いほうを「大本」と呼ぶ。

小本は四世紀前半に成立し、後に小本に増補が行われて大本が成立したらしい。両本ともにサンスクリット本、漢訳、チベット語訳が残されている。

大本は「このように私は聞いた。ある時、世尊は王舎城の霊鷲山にて比丘の大集団および菩薩の大集団と一緒であった」というように始まる。

このように始まる文献は「経」と呼ばれる（第44項）。ゆえに大本は「経」である。一方、小本も後世、玄奘の訳に見られるように経と呼ばれるようになった。

大本では、世尊は三昧（瞑想）に入られたが、その時、観自在は般若波羅蜜多の行を実践することによって「五蘊は自体（自性、自身）を欠いたものである（自体にかんして空である）」と見抜いた、と述べられている。

その智慧のことを話してほしいと舎利子は観自在に請うのだが、これは仏が念力を送ってそうさせたのである。この後、大本では小本の場合と同様、すべてのものは、空性を特質としており、不生・不滅・不垢・不浄云々と述べられる。

例の「ガテー、ガテー」云々の真言（前項参照）が述べられると、世尊つまりブッダは瞑想より起きて観自在菩薩の説明に対して「その通り、その通り」とほめる。最後に舎利子、観自在、他の会衆は世尊の言葉に歓喜した、とある。

この経では世尊は観自在の説明に「その通り」と言うのみだ。一般に、世尊は説法をするのだが、大本の場合のように瞑想に入ったまま「念力」を発揮することもしばしばである。

女神般若波羅蜜多の壁画。
パタンのシ・バヒル寺院にて

『心経』では般若は人間の姿をとった女神としては現れない。だが、インド、チベットなどでは般若波羅蜜多は女神であった。後世、『女神般若波羅蜜多心経』というサンスクリットやチベット語のタイトルも用いられた。この女神の像は、日本ではあまり知られていないが、インド、ネパール、チベットでは数多く作られてきた。

48 如来――二つの解釈が存在

数年前、仏教史の授業で仏や菩薩の種類について話していたことがあった。ある留学生が手を挙げて「私の国では如来と呼ばれる仏がいる」と言った。この学生は「如来」を一人の仏の名前と思ったのだ。「如来」とは「仏」ではあるが、特定の仏を指すわけではない。

初期仏教におけるゴータマ・ブッダは如来とは呼ばれることはまずない。「如来」とは一般に大乗仏教において人々の帰依の対象である阿弥陀仏などの仏たちを指す語として用いられている。

インド初期仏教経典に用いられるパーリ語および大乗経典に用いられるサンスクリットにおいて「如来」は「タターガタ」(tathāgata) である。

この複合語を「タター+ガタ」と読むのか、「タター+アーガタ」と読むべきなのか、はっきりしない。「ガタ」は、「行く」を意味する動詞ガム (gam) に由来する男性名詞だ。この動詞は「知る」「理解する」をも意味する。

「タター・ガタ」というように分解した場合、この語は「しかるべく理解した人」つまり「しかるべく悟った人」を意味する。初期では「このような状態の人」という意味でも用いられたようである。チベットでは「テシン・シェクパ」（しかるべく理解なされた方）と訳された。

一方、「タター・アーガタ」と分解した場合は、「しかるべく真如から（タター）来られた人（アーガタ）」を意味する。動詞アーガム（ā-gam）は「来る」を意味する。

このように二つの解釈があるが、中国や日本では後者の解釈が採られた。如来という訳語からは「真如のほうからやって来られた方」というようなニュアンスが感じられるのである。

釈迦如来の坐像（カトマンドゥ・チャウニーのネパール国立博物館蔵）

初期仏教の後半、特にアショーカ王（紀元前三世紀中葉）の治世以降、ブッダのイメージの超人化が進んだ。大乗仏教の時代にさらにその超人化は進み、ブッダは帰依の対象としての側面を強めていったのである。特に中国や日本においては浄土信仰が盛んになったため、ブッダははるかなる真如から来られた方、すなわち如来として崇められた。

49　仏の三つの身体――再生希求が生んだ思想

人が亡くなった時、その人の死を生き残った者たちは簡単には受け入れない。今にも玄関に「ただいま」という声がして帰ってくるのでは、と思う日が続くのである。

昔、母が亡くなった直後、私の祖母は勝手口の重いガラス戸がひとりでに開くのを聞いて「帰ってきた」といって喜んでいた。

ゴータマ・ブッダが亡くなった後、人々は悲嘆にくれた。四十五年も自分たちを導いてくれた師であった。いつもブッダに付き添っていた阿難はまさに父を亡くした思いを味わったことであろう。

インドの仏教徒たちはブッダがいなくなってしまったことに耐えられなかった。彼らは数百年、千年をかけてブッダを生き返らせたのである。インド仏教史全体がブッダを再生させる歴史であったといっても過言ではない。

たしかにゴータマ・ブッダの肉体はなくなった。だがブッダはどこかで姿を現し、説法されているのではないか、と人々は考え始めた。肉体はなくて姿のみであれば、ブッダは生前よりはより広い地域に現れることができるだろう、と人々は考えた。それは切なる願いであった。

そもそもブッダの説いた法（ダルマ）は不滅のはずだ。その法がブッダの姿をとったのではないか。いや、法がブッダの身体だ、というべきではないのか。

このようにして、仏に三つの身体、すなわち、化身《けしん》（歴史の中に肉体を有してゴータマ・ブッダとして現れた仏）、報身《ほうじん》（肉体はないが姿を有する仏）、法身《ほっしん》（法そのものを身体とする仏）が考えられるようになった。報身とは「修行の結果の報いを享受するための身体」という意味だ。例えば、阿弥陀仏は自分の修行の結果として人々を浄土に救いとることを楽しんでいる仏である。それぞれの身体を有する仏たちを化身仏、報身仏、法身仏という。このような仏の三つの身体を認める考え方を三身《さんしん》説《せつ》という。

この説が確立するのは紀元四、五世紀であるが、三身説は今日に至るまで仏教の根幹である。

8、9世紀頃の仏石像。カトマンドゥのパシュパティナート寺院にて

50　天才バカボンと世尊――サンスクリット「バガヴァーン」に由来

漫画『天才バカボン』。鼻毛のようなヒゲを生やしたオッサンの顔が有名だ。もっともあの人はバカボンのパパであって、バカボン本人ではないのだ。

昔、「バカボン」と聞いて、私はサンスクリットの単語「バガヴァーン」を思い出した。この語は仏教経典では通常「世尊」と訳される。「世」とは人々、「尊」は尊い方、師を意味する。要するに、ブッダのことだ。気になって調べてみた。あれほど有名になってしまうと種々の説が出ているが、「バカボン」はやはり「バガヴァーン」（婆《ば》伽梵《ぎゃぼん》）に由来するらしい。

この語は三千年ほど前のバラモン教の聖典『リグ・ヴェーダ』にも現れる。「バガ」とは元来、儀礼の後のおさがりの取り分をいう。転じて、幸福、恵みを意味した。

「ヴァーン」とは、「有する者」（男性）のことだ。だから「バガヴァーン」（主格）は「恵みを与える者」すなわち神を意味する。ちなみに「バガヴァン」は呼びかけの形（呼格）である。

ヒンドゥー教の聖典『バガヴァッド・ギーター』（第35項）の「バガヴァッド」（複合語を作る時の形）は、神ヴィシュヌを意味する。この語はシヴァやブラフマーなど他の神々をも指す。

語尾を女性形にして「バガヴァティー」とすれば、女神を意味する。ヒンドゥー教の大女神ドゥルガーは「バガヴァティー」と呼ばれる。『心経』の般若波羅蜜多も「バガヴァティー（女神）般若波羅蜜多《プラジュニャー・パーラミター》」と呼ばれてきた。

アルジュナ王子（右上）を諭すバガヴァーン・ヴィシュヌ。
デリーのビルワ寺院の『バガヴァッド・ギーター』壁画

仏教では「バガヴァーン」は煩悩を絶った人と解釈される傾向が強い。チベット語訳「チョム・デン・デー」もこの意味を有している。だが、この解釈がヒンドゥー教的解釈とどのような関係にあったかは不明だ。

そもそも「世尊」は「ローカ・ナータ」の訳語であり、「バガヴァーン」の訳語ではない。だが、中国や日本では「バガヴァーン」は世尊と訳されてきた。おそらく「婆伽梵」では響きが悪いと思われたのであろう。

問題の多い語だ。だが、バカボンのパパなら、言うだろう。「これでいいのだ」

51 仏像の顔――「生を超えた表情」に聖性

昔、一歳半の娘に正倉院の樹下美人図の写真を見せたことがある。娘は「タータン」（かあさん）といった。顔はともかく、太めなことは似ていた。次に大きく口を開いた伎楽面《ぎがくめん》を見せた。娘はすぐさま両手の指を自分の口に入れて面の表情をまねた。

宇治平等院《うじびょうどういん》の阿弥陀像の顔を見せたところ、彼女は両手を合わせた。おばあさんの教育効果だった。

娘はどのようにして仏像であると認識できたのか。というよりも、樹下美人つまり俗世間の人間との違いをどのように認識したのだろう。

私はある実験を思い付いた。阿弥陀像の顔の左半分の写真と当時有名だった美人俳優の顔の右半分の写真とを合わせてみた。「生を超えた仏」と俗なる人間との違いが分かると思ったからだ。

実験は大失敗。その合成された顔は伎楽面よりも不気味だった。両者の違いを見極めるどころではない。その「顔」のアンバランスは私に恐怖を覚えさせた。

女性の顔はともかく、私には阿弥陀像の顔そのものが恐ろしい。あの顔は「煩悩を楽しんでいる」われわれ凡夫の顔ではない。「生を超えた者」とは死の世界に入った者に他ならない。だが、阿弥陀像の表情は棺に入った死者のそれとも明らかに異なる。

生を超えてはいるが死者の顔ではない、とはどのようなことなのか。仏像を作る人々（仏師）もその「生を超えた表情」を表現しようとしてきたのであろう。

阿弥陀三尊像。
1955年、筆者制作の石膏版画

かつて、テレビ番組で若い女性に冠を被せ、衣を着せて菩薩の姿を再現しようとしていた。だが、生々しさのみが目立って、菩薩の有する聖性は伝わってこなかった。若さや美しさと聖性は異なるのだ。

修行の結果として阿弥陀仏のような表情を得ることは可能だろう。しかし、そのような人とはとても付き合えるものではないと思われる。

仏像は生の彼方からわれわれを鋭く見つめる一方で、聖なる生の世界へとわれわれを引き寄せてくれる。多くの人が仏像と対話するために寺を訪れている。

52　大乗仏教の時代背景――強大国の庇護受け発展

紀元前五〇〇年頃から紀元六五〇年頃までの時代を仏教、ジャイナ教などの非アーリア系文化の時代と呼ぶことはすでに述べた（第2項）。

その時期の後半、つまり紀元一世紀頃から六五〇年頃まではインド中期仏教の時代であったが、この時期は非密教的な大乗仏教（顕教《けんぎょう》）の時代であった（第3項）。

この時代に仏教は二つの強大国の庇護《ひご》を受けることができた。その二つとは、紀元一世紀中葉から三世紀前半までのクシャーン朝（第32、33項）と四世紀前半から六世紀なかばまでのグプタ朝だ。

前者はカニシカ王（在位一三〇～一七〇年頃）の時代に最盛期を迎え、ガンダーラ地方を中心に、中央アジアからガンジス川中流域を支配した。

カニシカ王はあつく仏教を信じ、仏典編纂《へんさん》のための集会（結集《けつじゅう》）を援助したと伝えられる。初期大乗の思想家、龍樹（第40項）はこの時代の人であった。

カニシカ王の死後、クシャーン朝は衰え、北インドは分裂状態に陥った。三二〇年頃チャンドラグプタ一世がグプタ朝をひらいた。この王朝は西北インド、ガンジス川流域、中央インドを支配したが、五五〇年頃に亡んだ。グプタ王朝も仏教を保護した。大乗仏教理論の大成者世親（四〇〇年頃）はこの王朝下で活躍した。

一方、仏教の勢力におされ気味であったバラモン教は仏教、土着文化の伝統、かつてのインダス文明（第2項）などの影響を受けながら新しく生まれ変わっていた。その新しい形をヒンドゥー教と呼ぶ。

グプタ朝におけるブッダ立像
（ニューデリー国立博物館蔵）

初期ヒンドゥー教の理念は『マヌ法典』に見られる。四階級（僧侶、武士、商人、隷属民）それぞれの義務を規定している。またこの法典は結婚式、葬儀などの人生儀礼、神々への供養、祖霊崇拝、夫婦間のあり方、刑法、借款法、相続などを定めている。この法典は、紀元前二世紀頃から紀元二世紀頃までの間に成立したという。初期ヒンドゥー教の理念はこの時期に成立したといえよう。

53　仏教とヒンドゥー教──「抗争」を経て盛衰分かれる

「インド」と聞くと、お釈迦さんの国と思うようだ。だが、インドを旅行すると分かることだが、今日のインドでは仏教は亡んでいる。今日、インドでは前世紀に創立されたネオ・ブッディズムなどが活動を続けてはいるが、少なくともかつての大乗仏教の僧院などは残っていない。一二〇〇年頃、インドの多くの仏教僧院がイスラム教徒によって破壊された。僧院に属していなかった在野の仏教徒たちも一四〇〇年頃までにはいなくなったと思われる。

現在のインドの人口は約十二億といわれるが、二〇〇一年の調査によれば、その八〇・五パーセントがヒンドゥー教徒、一三・四パーセントがイスラム教徒、二・三パーセントがキリスト教徒、一・九パーセントがシーク教徒、〇・八パーセントが仏教徒、〇・四パーセントがジャイナ教徒である。このように、現在のインドにおける仏教徒はまさに少数派だ。

しかし、約二千年前のインドにおける仏教の勢力は、初期のヒンドゥー教のそれと伍《ご》すことができるほどに強大であった。一方、初期ヒンドゥー教は紀元一、二世紀頃から勢力を伸ばし、四世紀以降、グプタ朝の庇護のもとに（第52項）、思想、儀礼、慣習、法律などを整備していった。文芸も盛んになった。

グプタ朝は仏教をも援助したが、それ以上にヒンドゥー教を庇護した。そして、七世紀頃にはヒンドゥー教の勢力は仏教のそれを凌《しの》ぐに至る。以後、仏教はインドから消滅するまで、自分たちの力が衰えていくのを感じ続けねばならなかった。このようにインド仏教は、ヴェーダの宗教の伝統を受け継ぐヒンドゥー教との抗争あるいは凌ぎ合いの中にあった。

ヴィシュヌ神の誕生を祝うヒンドゥー教の儀礼。
西インドのプネーにて

仏教は元来、出家僧たちを中心とした宗教であったために、結婚式や葬儀といった儀礼などにはほとんどかかわらなかった。それと対照的に、ヒンドゥー教は生活の全規範にかかわる。ヒンドゥー教徒は、その全規範はヴェーダ聖典に従う法（ダルマ）であると信じた。時代が下るにつれて仏教はヒンドゥー教の影響を受けざるを得なくなった。

54　密教とは何か――仏のイメージを図像化

「密教」と聞けば、空海の真言密教を思う人が多いだろう。事実、この語は空海が仏教（仏法）を顕教と密教に分けたことに由来する。顕教とは修行者一般に開かれた仏教のことであり、密教とは一定の準備をして、師から許可を得て初めて修行できる仏教を意味する。

真言宗の祖、空海は、唐に渡り、当時インドから伝えられたばかりの新しい仏教を学び、日本にもたらした。彼以前にもこの形の仏教が日本に紹介されてはいたが、本格的な導入は空海によってなされた。空海が帰国したのは九世紀初めだったが、インドにおいて新しい形の仏教すなわち密教が確立されたのは七世紀頃であった。

七世紀頃のインドでは、それまで仏教を支えてきた商人階級が勢力を失い、農業を中心とした社会が生まれつつあった。そのことは、バラモンたちが再び社会の中で大きな権威を持つことを意味した。インドはヒンドゥー教の時代（第2項）へと入っていったのである。

このような時代にあって仏教は起死回生の策を練った。仏教徒たちは、まず仏、菩薩などのイメージを定め、それらの像を積極的に作っていった。仏や菩薩などのほとけたちへの帰依は像を目の前にすることで深められ、広められたと思われる。

仏教のタントリズムが確立された七世紀頃までに、ほとけたちの組織ができた。つまり、菩薩、女神、夜叉、毘沙門天などの四天王、帝釈天、梵天などの天が、仏を中心とした組織（パンテオン）となった。それらのほとけや神々がマンダラの中で位置を与えられて並ぶのである。

ネパールのネワール族の密教に受け入れられたホーマ。パタンにて

また、仏教徒たちはバラモンたちの文化からも儀礼や思想を精力的に受け入れた。ヴェーダの宗教の儀礼であるホーマ（第3項）や、宇宙（世界）と自己（我）とは本来同一だというバラモンたちの世界観をも受け入れていった。

このようにしてインド大乗仏教は、特にほとけたちのイメージの図像化、儀礼、世界観の分野で新しい展開を遂げた。この三点が密教の特質である。

55　盧舎那仏から大日へ——密教の中心的仏に

奈良・東大寺の大仏の名は盧舎那仏《るしやなぶつ》だ。略して「舎那」ともいうが、これは「牛若丸」つまり源義経の幼名でもあった。

奈良の唐招提寺《とうしようだいじ》の盧舎那仏像も有名である。この大仏も東大寺の大仏もともにその光背には数多くの小さな釈迦像が見られる。これらの釈迦仏は盧舎那仏の分身なのだ。

盧舎那仏は蓮台《れんだい》に坐って瞑想に入り、自分の周囲を囲む千の蓮華の各花弁に千の仏を生むという。またそれらの蓮華の各花弁に百億の国土があり、各国土に釈迦がいる。この世界が盧舎那仏の国である蓮華蔵世界なのである。東大寺大仏の蓮華の花弁（蓮葉）のいくつかは八世紀中葉の当初のものが残っているが、その上には蓮華蔵世界を描いたと思われる線画が見られる。

紀元一、二世紀に登場したと思われる阿弥陀仏は幾千もの分身を生む仏ではない。無数の分身を生む盧舎那仏は、四世紀後半に編纂されたと思われる『華厳経《けごんきよう》』に登場する。

盧舎那仏は、詳しくは毘盧舎那仏《びるしやなぶつ》という。そのサンスクリット名は「ヴァイローチャナ」であり、輝き照らすものを意味する。やがて盧舎那仏は密教の仏「大いなる毘盧舎那仏」（マハーヴァイローチャナ）となる。光り輝くこの仏は元来、太陽神的な性格を有するために中国、日本では「大日」と呼ばれてきた。

七世紀頃、『大日経』（マハーヴァイローチャナ・スートラ）が成立するが、この経典によってインド密教は確立した。この後、大日は密教の中心的仏となった。密教経典では「大いなる」の語がなくて単に「ヴァイローチャナ」とあっても、一般に「大日」と訳される。

密教経典に登場する大日如来のイメージは、『華厳経』における盧舎那仏ほどややこしくはない。大日如来は、単身で登場し、イボ状の短い毛（第12項）を生やした大仏に比べて、菩薩のように髪を結い、首飾りなどを着ける。

大日如来への崇拝は七世紀以降、インド、ネパール、チベット、ジャワやカンボジアなどの東南アジア、中国、日本などに伝えられた。

宝冠を被った四面の大日如来坐像。北インドのラダックにて（大矢泰司氏提供）

56　大日如来の姿――親しまれた異形の仏

紀元一世紀頃までブッダは人間に似た姿の像に表現されなかった（第26項）。ガンダーラやマトゥラーにおいて作られ始めたブッダの像は比丘の姿で（第33、34項）、後のグプタ朝（四～六世紀）においてもブッダは簡素な衣を着た比丘として表された。

しかし、七世紀頃の成立の『大日経』では、前述したように髪を結い、胸飾りを着けた大日が登場する。

大日の姿はさらに複雑になる。十二世紀頃の『完成せるヨーガの環』によれば、大日は、獅《し》子《し》の背の上にある蓮華に両足を組んで坐り、身体の色は白で、太陽のような光を放つ。宝冠によって飾られた巻き髪を有し、宝石と装飾を身に着ける。表情は静かであり、白・黄・赤・緑色の四面と八臂《はっぴ》を有する。

この八臂のうち、二臂は覚勝印《かくしょういん》（智拳印《ちけんいん》、左手の人差し指を右手の中に包み込む仕草）を、他の二臂は禅定印（上に向けた手のひらを重ねる仕草）を結ぶ。残りの手は数珠《じゅず》、円盤、弓、矢を持つと述べられている。

このようにインドにおいてブッダのイメージは大きく変わった。当初、ブッダは、人間の姿ではなく椅子などによって象徴的に表されたが、次に簡素な比丘姿をとり、さらに着飾った姿でも表現された。要するに、ブッダの姿は次第に俗世間に近いものとなったのである。

たしかに八本もの臂がある仏の姿は、普通の人の姿とはかけ離れており、異様ではある。だが、このような仏のイメージは、仏教徒たちにとって恐ろしいものではなく、むしろ親しみ深いものであった。というのは、八世紀頃以降のインド密教では、このような異形の仏と一体になる行法（成就法）が盛んに実践されたのである。

ネパール仏教の伝統によって描かれた八臂の大日。G・ヴァジュラーチャールヤ画

仏の姿の変容は、仏教の思想・実践の変化と関係する。大乗仏教、特に密教において仏と衆生との距離は縮まった。密教以前にはゴータマ・ブッダや阿弥陀仏と一体となるというようなことは、考えられなかったが、密教では、仏と修行者とは元来同一であると考えられた。

57 文殊菩薩の姿――智慧の本、迷い絶つ剣

如来の場合と同様、菩薩の種類も増え、その姿もさまざまに変化した。文殊菩薩は観音菩薩（第41〜43項）と並んで有名だ。この菩薩は古くから知られており、『阿弥陀経』（一、二世紀）にすでに登場する。

文殊には幾つかの名称がある。その一つをサンスクリットで「マンジュ・ゴーシャ」という。「マンジュ」は「文殊」と音写され、この語が菩薩名として用いられている。「マンジュ」とは「妙なる」を意味し、「ゴーシャ」は音、声のことだ。この菩薩名は「妙音」と訳されてきた。おそらくは妙なる声によって語る菩薩という意味であろう。

この菩薩の他の名称「マンジュ・シュリー」は「文殊師利《しり》」と音写され、「妙吉祥」と訳された。「シュリー」は元来、王家の繁栄をいうが、めでたいこと、吉祥を意味するようになった。観音は長者、比丘などに姿を変えて人々を救うという。後世、ネパールでは観音は犬や石にも変身すると信じられた。一方、文殊はそのような変身を行わない。

文殊は大日如来に近い姿をとることがある。前述した『完成せるヨーガの環』は、法界《ほっかい》マン

ダラの中尊としての文殊の姿を次のように述べる。

　この文殊は、獅子の上の蓮華の上に坐り、朝日のように輝く。身色は黄金色、サファイアを着けた美しい髻《まげ》を結い、宝冠を被る。宝石、装飾、きらびやかな衣を身に着け、四面、八臂を有する。二臂で説法をする仕草（説法印）を示す。残りの手に本、剣、弓、矢などを持つ。「文殊の智慧」というが、文殊の持つ本は智慧を表し、剣は迷いを絶つ。

ネパール仏教の伝統によって描かれた八臂の文殊。
G・ヴァジュラーチャールヤ画

　この文殊の姿は前項の大日に似ている。法界マンダラの中央には今述べた姿の文殊がおり、大日の姿はない。大日の姿をした文殊が見られるのだ。このように文殊は格調の高いほとけである。

　観音が仏に似た姿をとってマンダラの中尊となることはない。これは文殊との大きな違いだ。しかし、すべての菩薩が仏のさまざまな側面を神格化したものであることは確かである。

58　弥勒菩薩（一）――メシアの象徴、油瓶持つ

「弥勒」と聞けば、広隆寺《こうりゅうじ》や中宮寺《ちゅうぐうじ》の半跏思惟像《はんかしいぞう》を思い起こす人が多いだろう。一方の脚を他方の脚に載せ（半跏）、右手を頬《ほお》に近づけて思いに沈む（思惟）菩薩像は有名だ。

「弥勒」のサンスクリット名は「マイトレーヤ」だが、この語は「マイトリー（慈しみ、友愛）から生まれた者」を意味する。この菩薩は「慈氏《じし》」とも呼ばれる。「弥勒」は、西北インドの方言で「ミイロ」と呼ばれていたものが、中国で「ミロク」となったらしい。

半跏思惟のブッダ像や菩薩像は二、三世紀のインドで作られていた。この姿が日本にも伝えられたが、実は弥勒はこれ以外の姿で表現される方が多い。

写真の彫像はインド二、三世紀の弥勒だ。右の手のひらを正面に向け、人々に祝福を与える仕草をする。この仕草は仏像のみではなく、ヒンドゥーの神像やイスラム教の聖者にあっても一般的なものだ。

弥勒信仰は古代イランのゾロアスター教や古代ローマに広まったミトラ教の影響を受けた。「マイトレーヤ」の名はミトラ教のミトラ（ミトラス）神と深い関係にある。

左手の瓶が弥勒のシンボルだが、これは油瓶ではなかろうか。弥勒は将来、人々を救うために現れる「救世主」（メシア）であるが、メシアと油は深く関係する。

「メシア」（ヘブライ語でマーシーアハ）は、油を塗られた者のことだ。『旧約聖書』では、メシアは「世の終わりに出現し人々を救う者」という意味で用いられることもあるが、多くの場合叙任された王の意味で用いられている。「キリスト」（ギリシャ語でキリストス）も油を塗られた者の意味である。ユダヤ教、キリスト教のメシア思想にミトラ教の影響があったと考えられている。

2、3世紀のアヒチャトラー出土の弥勒立像（ニューデリー国立博物館蔵）

このように考えるならば、弥勒は当初は、油瓶を持っていたと思われる。

この直立した弥勒の姿は、後世、北インドのラダック、中央チベット、北京などの中国北部、さらに朝鮮など「アジアの北部」に広く見られる。日本でこの姿の弥勒はもしあってもごくわずかであろう。

59　弥勒菩薩（二）——浄土信仰から強い影響

インドでは紀元二世紀頃から四世紀頃にかけて大乗仏教が興隆した。この時期に弥勒信仰も盛んになったが、弥勒信仰には二種あった。この菩薩が数十億年の後に天より人々を救うために仏として降りてくるという下生《げしょう》信仰（弥勒の浄土に生まれた衆生が弥勒とともに下生するともいう）と、衆生は弥勒の浄土に生まれるという上生《じょうしょう》信仰だ（弥勒自身がまず上生する、という考え方もある）。弥勒の浄土に往生するという信仰には、阿弥陀浄土信仰からの影響があったと思われる。

仏が未来に救世主として降りてくるという思想や浄土に生まれるという思想は、それまでの仏教のそれとは異なる。「人格神」に帰依してそれぞれの魂の救済を願うというあり方は、初期仏教の発展としては説明できない。それゆえ、前項に述べたように、弥勒の「メシア的」性格は、西アジアの宗教の影響を受けた結果といえよう。

七世紀以降、密教の時代になると種々のマンダラが作られた。マンダラとは宮殿に並んだ仏・菩薩を描いた図だ。弥勒は、マンダラの中に並ぶ諸菩薩の一人として登場する。マンダラの中尊となることもないではないが、極めて少ない。祝福の仕草をしながら直立する弥勒はマンダラには登場しない。半跏思惟姿の菩薩もマンダラには登場しないが、この姿の像は中国河北省や朝鮮では数多く作られた。特に七世紀頃の朝鮮では弥勒信仰が盛んであり、数多くの弥勒半跏思惟像が制作された。

古代の日本では、朝鮮の弥勒信仰の影響を受け、多くの弥勒半跏思惟像が作られた。日本でも弥勒信仰は阿弥陀仏の浄土信仰から強く影響を受けた。一方では、阿弥陀の浄土信仰との混同も起きた。古代の日本人は半跏思惟の弥勒の姿と、人々を救うため「五劫（宇宙周期）の間、思惟」して阿弥陀仏となった法蔵菩薩のイメージとを重ねたと思われる。

左手に瓶を持つ弥勒（カトマンドゥ・チャウニーのネパール国立博物館蔵）

日本に伝えられた金剛界マンダラなどには弥勒が登場するが、観音や文殊の信仰と比べるならばその勢力はごく小さい。日本では弥勒信仰はそれほど盛んにはならず、阿弥陀信仰の中に次第に吸収されていったのである。

60　不動明王――忿怒の姿で仏法守る

ほとけたちの表情や姿は実にさまざまだ。静寂の中に厳しさを湛《たた》える阿弥陀仏、あたたかな慈愛にあふれる観音菩薩、すこしとりすました文殊菩薩など。

剣を持ち、唇をかみ、眼を見開いているほとけもいる。不動尊だ。忿怒《ふんぬ》の姿をとるこのほとけは、特に日本において絶大な人気を得てきた。

七世紀頃、インド仏教のほとけたちはグループごとに分けられ、全体として一つの組織（パンテオン）にまとめられた。仏、菩薩、忿怒尊（明王）、女神、その他という分類の仕方の中で不動尊は忿怒尊のグループに属する。

不動尊はサンスクリットで「アチャラ・ナータ」という。「アチャラ」（〔心の〕動かない者）の「ア」は否定詞で、「チャラ」は動く者のことだ。「ナータ」は尊を意味する。しばしば「不動」と呼ばれる。不動尊に関する最も早い記述は、八世紀のはじめに中国で訳された経典に見られる。不動尊は比較的遅く現れたほとけだ。不動尊をはじめとする忿怒尊たちは、インド、チベットにおいて仏あるいは仏法を守る役目を負わされていた。日本では大日如来の一つの姿とも受けとめられている。

不動尊は「チャンダ・マハーローシャナ」（恐ろしい大声を発する者）とも呼ばれる。この名前は今日、真言宗で唱えられている不動尊の真言にも現れる。

不動尊はカトマンドゥ盆地でもよく知られている。その姿は日本のものとかなり異なる。つまり、左膝（時には右膝）を地につけ、左足（時には右足）を後方に蹴り上げるようなポーズで表される。右手に剣、左手に索《さく》（縄）を持つのは日本と同じだ。

左膝を地につけ、左足を後方に蹴り上げる不動尊。ネパール、パタン市のマハーバウダ寺院にて

二十年以上も前になるが、カトマンドゥ盆地で不動尊の行法を修している行者がいると聞いて、会いに行った。行者は亡くなっておられた。彼が不動尊と一体になる行法をした時は、不動尊のような形相で踊ったと、奥さんから聞いた。両手を横に上げて輪を描いて踊っている写真を見せてもらった。日本にも不動尊の修法の伝統はある。

61　ダキニ天——日本で稲荷と結び付く

京都伏見《ふしみ》の稲荷大社に行ったことがある。びっしりと並んだ赤い千本鳥居の雰囲気は不気味だった。

鳥居の原形はインドのトーラナだ。紀元以前に作られており、仏塔のある聖域に入る際の門であった。トーラナは日本に来て、仏教寺院では本堂の張り出した屋根（向拝《ごはい》）の下に組み込まれた。神社の場合には、稲荷神社のように古代インドのトーラナに近い形を残している。

現在、日本には約三万の稲荷神社がある。稲荷は元来、豊穣《ほうじょう》の神といわれ、狐《きつね》の背に置かれた米俵の上に乗るふくよかな女神として表される。稲荷神社の鳥居の横には狐がいる。稲荷は茶吉尼《だきに》（茶枳尼《だきに》）天《てん》とも呼ばれるが、この女神は元来、東インドで生まれた恐ろしい女神ダーキニーであった（女神は常に恐ろしい）。「ダーキニー」（空行母《くうぎょうも》）は、動詞ダーク（飛ぶ）から派生した語だ。チベットでも「空駆ける女性」（カンドーマ）という。通常、グループで登場する。超能力のある魔女たちである。この女神群が活躍するのは八、九世紀以降だ。

ダーキニーたちは通常、頭蓋骨をつないだ環を首から懸け、裸に近い姿で表される。インドやチベットではこの女神と一体になる行法が実践された。今日でもその実践は試みられている。時としてダーキニーはジュニャーナ・ダーキニー（智慧空行母）のようにマンダラの中尊となる。今日、カトマンドゥ盆地にはこの女神を祀る寺がある。日本ではダーキニーと稲荷が結び付いた。弁天や吉祥天などの柔和な女神より、より強烈な力が期待されたのだ。

天蓋の下で獅子に乗る智慧空行母。
G・ヴァジュラーチャールヤ画

日本で狐とダキニ天（あるいは稲荷）とがどのように結び付いたのかは不明だ。ネパールやチベットのダーキニーたちは狐と結び付かない。日本では狐が霊的な動物と考えられてきたことが、稲荷と狐の結び付きを強めた一因であろう。稲荷神社では神がかりになる行法が修された。この行法を修する場合、腹を出し、通い帳を提げた狸ではいささか心もとないのである。

62 インドにおける供養——神をもてなして見送る

ひと頃「お客様は神様です」と言われたが、インドでは「神様はお客様」である。神は天界に住んでいて、人間が招くと訪れてくると考えられた。人間たちは訪れた神をもてなした後、もと居た所に帰ってもらう。客がそのまま居続けられては困るのである。

訪れてきた神に供物を捧げて崇めることを「プージャー」という。この語は「供養」と訳されたが、「(供物を)供えて(神を)養う(活気づける)こと」だ。供養は普通、神像の前で行われる。まず僧あるいは信徒が神を招く。神像に神を宿すのだ。次に座(座布団)、神が口をすすぐ水、足を洗う水を差し出す。そして沐浴をしてもらう。神像に蜂蜜、ヨーグルトなどをかけた後、水をかけて像を洗うのである。

沐浴の後、新しい衣を着た「客」に線香、花、灯明、ご馳走《ちそう》(バナナ、ココナッツなど)が出される。次に客を招いた「主人」は神像を右回りに回る。これは右に回りながら、右手にあるものを崇める行為である。神に礼拝し、神像に花を投げる。最後に神が帰るのを見送る。このような手順で供養が行われる。

プージャーの起源は、仏教誕生以前に遡ると思われるが、今日、この儀礼はヒンドゥー教において最も一般的なものだ。

一方、仏像への崇拝もほとんど同じ手順で行われた。紀元一世紀頃のサーンチー仏塔の浮き彫りには人々が仏塔に花環を懸けている場面が描かれている。この行為はプージャーである。今日、カトマンドゥの仏教寺院では今述べたような手順で観音菩薩などへの供養が行われている。プージャーは一般にシヴァ、ヴィシュヌなどのヒンドゥーの神々、観音、阿弥陀などのほとけたちに対してなされる。死者の霊に対してなされるのではない。

ヨーグルトをかけられる女神の石像。西インド、プネーのヒンドゥー教寺院にて

日本では「先祖供養」という表現が一般的に用いられる。だが、インドでは先祖の霊に対する儀礼は「シュラーッダ」と呼ばれて、プージャーとは区別される。これは、シヴァやヴィシュヌといった神々と先祖の霊とはランクが異なると考えられているためである。

63 日本における供養——死霊や山、樹木も対象に

日本では先祖の霊に対して供物を捧げて崇拝することも「供養」と呼ばれる、と前述した。日本では供養の対象は、仏や菩薩であるよりも、祖先、死霊、餓鬼、精霊である方が一般的である。

我が国では「阿弥陀仏を供養する」とほとんど言わない。もちろん仏や菩薩に対してインド的な意味でのプージャーがないわけではない。花、ご飯などの供物を仏・菩薩に、あるいはその像に捧げて礼拝することもなされている。

今日のインドに祖先崇拝がないわけでもない。だが、インドにおける祖先崇拝と比べるならば、日本においては祖先崇拝がより大きな位置を占めている。

日本人にとって供養は実に大切なことだ。日本では鰻《うなぎ》、鮭《さけ》、鮪《まぐろ》などの魚、豚などの家畜、自分たちが食べるために殺した生類に対して供養のための儀礼を行ったり、供養塔を建てたりすることが多い。漁港には魚の「霊」のための供養塔がしばしば見られる。

日本ではそのような供養塔が千に上るという。インドやネパールにおいてはこのような供養

はほとんど行われていないであろうし、供養塔も一般的ではない。さらに日本では人形、針、畳などの供養もある。

一方、「供養」には懺悔《ざんげ》や感謝といった側面以外の面がある。つまり、殺された生き物が殺した自分たちに祟《たた》るのではないかという恐れがあり、その祟りを封じ込めるためのものだという側面も存する。

僧（写真左）に導かれて祖先崇拝を行うネワール仏教徒。カトマンドゥのパシュパティナート寺院にて

日本人は「山川草木《さんせんそうもく》がことごとく皆成仏する（悉皆《しっかい》成仏）」という表現が好きだ。これは、山や川、草や木が修行をして悟りを開く、ということではない。この表現は、行為者つまり人々が自然のものに「聖なるもの」としての価値を与えていることを意味している。

インド仏教では、山川草木に人と同じような「いのち」の存在を認めないが、東アジアの仏教、特に日本仏教においては人間（衆生）が持つのと同じような「いのち」を認める。このゆえに、日本仏教では観音に対してと同様、死霊や山や樹木に対しても供養するのである。

64　胎蔵マンダラ――儀式のため地面に描く

インドで生まれたマンダラは、ネパール、チベット、中国、日本などに伝えられた。千五百年以上にわたる歴史の中でマンダラの形や用途は大きく変化した。

マンダラの初期的な形ができあがるのは五、六世紀であろう。当時は携帯用の祭壇ともいうべきもので、盆の上に小さな仏像、供物容器などが並べられていたと考えられる。このような形のマンダラは主として仏に対する供養（プージャー）を行う際の祭壇であった。

密教経典『大日経』（七世紀頃）には胎蔵《たいぞう》（胎蔵界、胎生《たいしょう》）マンダラの描き方が述べられている。このマンダラは、師が弟子を入門させる儀礼に用いたものであり、師と弟子の二人が一週間をかけて、地面に描くものだった。

人気《ひとけ》のない場所を選び、石や骨のかけらなどを取り除く。土地神への供養、師と弟子の身の浄《きよ》めなどをした後、二人は浄められた地面に墨打ちをした。

『大日経』の述べるマンダラは四角だ。今日見ることのできるチベットやネパールのマンダラのように周縁の中に四角形の宮殿があるという形のものではない。

師と弟子は色粉を使って一晩でマンダラを描くべきだ、と『大日経』はいう。一晩、二人の作品であれば、それほど精緻《せいち》なマンダラができあがったとは思えない。夜が明けると、できあがったマンダラの前あるいは中に弟子を導き、師は自分の弟子としての許可を与えた。

地面に描かれたマンダラは、もともと長期間持続するものとして作られていなかった。色粉で描かれた仏の姿の上に花を載せたりするうちに、仏たちの姿はくずれてしまう。儀礼が終わる頃までにマンダラ図は元の姿を留めなくなる。さらに、儀式の中でマンダラ自体が壊される。つまり、マンダラを壊す所作が儀礼の中に一つの段階（次第）として組み入れられているのである。

マンダラはこのように元来、儀式の中でのみ用いられるものであり、儀式の後に残るものではない。今日も、カトマンドゥ盆地のネワール密教では地面の上に小さなマンダラが石粉で描かれる。

チベット仏教に伝えられた胎蔵マンダラの線画。ラグヴィーラとローケーシュチャンドラ『チベット・マンダラ』（ニューデリー、1955年）より

65　金剛界マンダラ——瞑想の疑似空間を描写

九世紀初頭、空海は中国から胎蔵（胎蔵界）マンダラと金剛界マンダラを請来した。彼が持ち帰った金剛界マンダラでは、九つのマンダラが井桁《いげた》に組み合わされているが、これは中国において改めて解釈され、描かれたマンダラだ。

インド、チベット、ネパールにおける金剛界マンダラは、空海が持ってきたマンダラの井桁の中央の部分に相当する。

密教経典『金剛頂経』（七世紀後半）には金剛界マンダラが述べられる。この経典は、地面に描くマンダラではなく、心の中に瞑想（観想）するマンダラを述べる。ヨーガの行法を中心としたマンダラ瞑想が説明されているのである。

ほとんどのマンダラがそうであるように、金剛界マンダラに登場する各ほとけには特定のシンボルが定められている。例えば、金剛王菩薩のシンボルは鉤《こう》（かぎ）である。まず、行者は世界中にあるすべての鉤を念じ、それらを右手に集める、と思いを凝らす。世界中のすべての鉤が自分の手の中に実在すると思われた時、その鉤を前に差し出す。すると、鉤を持つ金剛王菩薩が行者の前に立つ。この菩薩は消えることなく、マンダラの中にあらかじめ定められた位置に坐す。

続いて行者は次の菩薩の産出にとりかかる。このような所作を数十回繰り返すと、行者の周囲をほとけたちが取り巻くことになる。行者は金剛界マンダラの中心に坐っている自分を知るのである。マンダラは、ここでは自分自身がその中に存する三次元的な疑似空間となっている。

金剛界マンダラの瞑想の始まりにおいて、大日如来はまだ悟っていない修行中の者である。すでに修行の完成した仏たちが大日を見守って修行を完成させる、というのがこのマンダラに表現された大日如来の修行の筋書きだ。明らかにこれはゴータマ・ブッダの生涯を踏まえている。このように、マンダラは、修行の階梯《かいてい》を示している。

19世紀末のチベットで描かれカトマンドゥで複製された金剛界マンダラ。『タントラ部集成』22番（カトマンドゥ、2006年）

日本では胎蔵と金剛界が有名であるが、この二つのマンダラは、マンダラ千五百年の歴史の中で初期のものであり、後にさまざまなマンダラが生まれた。

66　マンダラの中の阿弥陀――大日を見守る仏の一人

紀元一、二世紀に、インドにおいて阿弥陀如来が登場したことはすでに述べた（第36項）。阿弥陀信仰あるいは極楽浄土への信仰は、西北インドで盛んであったが、その後、中央アジアを経て中国に伝えられた。

中国では慧遠《えおん》（四～五世紀）、曇鸞《どんらん》（五～六世紀）、善導《ぜんどう》（七世紀）などによって中国的な阿弥陀信仰が確立された。この伝統が日本において法然や親鸞に受け継がれたのだ。

一方、中インドや東インドにおける阿弥陀仏は、西北インドから中央アジア、中国に伝えられた阿弥陀仏とはその性格や働きが異なっている。中インドや東インドでは阿弥陀信仰は盛んにはならなかった。密教が興隆する七世紀頃までの中インドにおいて、阿弥陀像は少なくとも盛んに作られることはなかった。

マンダラが作られるようになると、阿弥陀仏は四方に坐《ざ》す四人の仏の一人として登場する。例えば、金剛界マンダラでは中尊大日の西方に坐す仏だ。だが、ここでは中尊大日を見守る仏の一人にすぎず、『阿弥陀経』に見られるように、名を唱えられれば浄土に迎える「救い主」

ではない。

金剛界の中尊大日の四方には、阿閦《あしゅく》（東）、宝生《ほうしょう》（南）、阿弥陀（西）、不空（北）の四仏がいる。大日とその四方にいる四仏を合わせて「金剛界マンダラの五仏」と呼ぶ。阿閦は象に乗り、右手で大地に触れる。これは魔を退治し、悟りを得た印だ。宝生は馬に乗り、右の手のひらを下げたまま正面に向ける。これは願いを叶《かな》えるという意味の仕草だ。阿弥陀は孔雀《くじゃく》に乗り、両手で禅定印を結ぶ。不空はガルダ鳥に乗り、右の手のひらを正面に向けて挙げて「畏れるな」という意味の仕草をする。

金剛界マンダラの西方（上部）の阿弥陀（中央）。G・ヴァジュラーチャールヤ画

この四仏の役は、元来は修行者であった大日が悟りを開いて如来となるのを導き、見守ることだ。阿弥陀はそれらの仏たちの一人なのである。マンダラは、聖化されたこの娑婆世界を写した図だ。したがって、マンダラの中の阿弥陀は娑婆世界の仏である。密教の阿弥陀と浄土教の阿弥陀とは異なった仏として今日に至っている。

67　日本のマンダラ——神仏習合で独自の進化

日本では「マンダラ」という語の意味は、インド、ネパール、チベットにおけるよりもいっそう広く曖昧《あいまい》だ。インド、ネパールなどでは、宮殿およびその中に整然と並ぶほとけたちを描いた図あるいはその立体モデルをマンダラと呼ぶ。むろん日本で「マンダラ」はそのような意味にも用いられる。空海が持ち帰った胎蔵（界）や金剛界マンダラは宮殿に整然と並ぶほとけたちを描いている。

だが、日本では浄土における阿弥陀仏と菩薩たちの様子を描いた浄土変相図《へんそうず》（浄土変）も「浄土曼荼羅」と呼ばれてきた。チベットやネパールにも浄土変相図はあるが、それはマンダラとは呼ばれない。

日本では神道と仏教の習合が進み、日本独特のマンダラが作られた。例えば、春日《かすが》大社が下方に描かれ、上部に阿弥陀浄土が見られるといった春日浄土曼荼羅が作られた。那智《なち》大社に参《さん》詣《けい》する人々を描いた那智参詣曼荼羅もある。この種のマンダラでは、山の中に社殿が散在し、その社殿の上空に神々が描かれているが、インド、チベットにおけるマンダラとはかなりその

ネパールの浄土変相図。
カトマンドゥ盆地にて入手

構図が異なる。

日本では一人のほとけのみが描かれている絵図も別尊《べっそん》曼荼羅と呼んできた。一人のほとけのみを描いた図はインド、チベットなどでは「マンダラ」と呼ばれない。

日本における「マンダラ」という語のこのような用い方には、すでに千年近い歴史がある。

近年、「マンダラ」は日常語としても用いられ、「人間マンダラ」「花マンダラ」「恋マンダラ」さらには「テレビ・マンダラ」などという。

日本では、さまざまな要素がともかくもひとまとまりにあれば「マンダラ」と呼ばれる。「マンダラ」の中の諸要素がどのような関係にあるか、それらが将来どのようになるかが不明であり、摩訶不思議《まかふしぎ》であるゆえに「マンダラ」というのだと考える日本人は多い。

インド・ネパール・チベットでは、マンダラの中の諸要素つまり仏や菩薩たちの間の関係がはっきりと分かっていなければマンダラと呼ばれない。

68　マンダラとは何か――「聖なるもの」描いた世界

「要するに、マンダラとは何か、一口で言ってほしい」とよく言われる。そこで「要するに、マンダラとは何か」を考えてみたい。

マンダラとは、ほとけたちが「宮殿」に住む様子を描いたものであり、宗教実践に用いる装置である、ということができよう。人間や動物には自分たちの住む「場」がある。空飛ぶ鳥たちも彼らの領域があり、川に住むアユにもテリトリーがある。仏もそれぞれの国土を有し（第38項）、菩薩たちも仏に従ってそれぞれの国土に住む。マンダラにおける宮殿やその宮殿が建っている須弥山は、ほとけたちの住む「器」（世界）だ。「器」がなくては何ものも生きられない。「器」の中に人や仏が住むという世界観は、密教以前にもあった。仏や人間たちが器としての山や川に存するという考え方は、紀元前のインド初期仏教にすでに見られた。

だが、初期仏教における修行は心の汚れ（煩悩）などをなくすることであった。山川や草木は修行には無関係であった。

一方、マンダラに見られる宮殿、須弥山など世界全体は修行に直結している。マンダラは

「瞑想のチャート」であるといえよう。九、十世紀頃になると、マンダラ全体が如来の姿を表しているという考え方が強くなった。われわれの眼前の現象は、如来の身体であるというのである。マンダラに描かれる世界すべてが「人間と命を共有するもの」となった。

金剛杵を載せた真鍮製マンダラ。
カトマンドゥのヴィクラマシーラ寺院にて

マンダラを用いた修行では山川や草木は修行者にとって「仲間」だ。世界は如来の身体であるゆえに、密教行者は世界を敬うべき「聖なるもの」とし、その「命」を認めようとする。マンダラを用いた修行においても心の汚れをなくすることは重要である。しかし、それに止《とど》まらない。マンダラを用いる密教修行では、自分の周りの世界がかけがえのない命あるものとして生きるように努めることが重要なのだ。

悟りを開いた人（仏）が住む世界の中にあってすべての人、すべてのものに対して「聖なる」価値を与えることがマンダラを用いた修行の目的なのである。

第三章　アジアに広がった仏たち

菩提樹の葉と実
カトマンドゥにて

69 ネパールの密教――インド的な要素が残る

ゴータマ・ブッダが今日のネパール領であるルンビニーで誕生したことは、よく知られている（第6項）。だが、この国にインドから直接伝えられた大乗仏教がインド的要素を残したまま今日も存在していることは意外と知られていない。

ネパール中央部のカトマンドゥ盆地には、チベット仏教の寺院やテーラヴァーダ仏教の寺院も存在するのではあるが、今日、「ネワール」と呼ばれる人々の間に密教系の大乗仏教が生きており、「ネワール仏教」と呼ばれている。今日、盆地には三百に近いネワール仏教寺院が存在している。

チベット・ビルマ語系の言語を話すネワール人たちは、この盆地に四、五世紀から住んできた。彼らは六世紀頃までにはインドから伝えられた大乗仏教を信奉していたと思われる。

ネパールは四世紀頃から九世紀頃までインド系のリッチャヴィ族の王によって支配されたが、この王朝下において仏教とヒンドゥー教は共存していた。七世紀中葉には仏教の保護者アンシュヴァルマンが王位に就き、娘ブリクティをチベット王ソンツェン・ガンポに嫁がせたと伝えられる。この王女はチベットにインド系仏教が伝播するに際して大いに貢献したという。また七世紀のカトマンドゥ盆地には密教的な大乗仏教が存在していたことが分かっている。

東西約二十五キロメートル、南北約二十キロメートルのカトマンドゥ盆地は、今日に至るまでネパール全史を通じて政治、経済および文化の中心であり続けてきた。この盆地には数十万のネワール人が住むが、その約三割が仏教徒といわれる。彼らは自分たちの密教のことを金《こん》剛乗《ごうじょう》（ヴァジュラヤーナ）と呼んでいる。

カトマンドゥ盆地の西北部。スワヤンブーの丘から

ネワールの僧侶階級であるヴァジュラーチャールヤたちにはサンスクリットを理解する者たちが多く、サンスクリットで主要部分の書かれた儀礼マニュアルを用いて、さまざまな儀礼を行っている。またこの盆地において仏・菩薩たちはサンスクリット名で呼ばれている。このように、ネワール仏教にはインドから伝えられた大乗仏教の要素が残っているのである。

70　スワヤンブー仏塔——仏の身体表す眼と鼻

カトマンドゥ盆地の西北部にスワヤンブー（自ら生まれた者）と呼ばれる仏塔があるが、この仏塔がネワール仏教の中心だ。人々はモンキー・テンプルと呼ぶ。猿の集団が住み、犬も多い。ここの猿と犬は仲がいい。

仏塔は、ブッダの遺骨を祀るために造られた（第24項）。仏教徒にとって仏塔は仏像よりも重要なものだ。仏教史を通じて仏像のなかった地域や時代はあったが、仏塔のない地域や時代は存在しない。日本で仏教といえば人々は仏像を思うだろうが、ネパール、チベットでは人々はまず仏塔を思う。東南アジアでも同じである。

カトマンドゥ盆地には千数百の仏塔があるという。スワヤンブー仏塔の周囲にも二百余の仏塔が存在する。千年以上前に造られたものから、つい最近のものまで、この仏塔の周囲で見ることができる。街から丘に登ると高さ四十メートルの仏塔が迫ってくる。仏塔の上部（平頭。第29項）には眼と鼻が描かれており、巨人がわれわれを見下ろしているように感じる。日本人観光客の間では「目玉寺」の名で知られている。

スワヤンブー仏塔のみではなくカトマンドゥ盆地にある仏塔の多くには、眼と鼻が描かれている。ブッダが坐っている姿と考えられている。仏塔が一人のほとけを表しているのである。「仏塔がブッダの身体である」とか「身体を表す」という考え方は、ネパール、チベット、さらには東南アジアにも存在する。

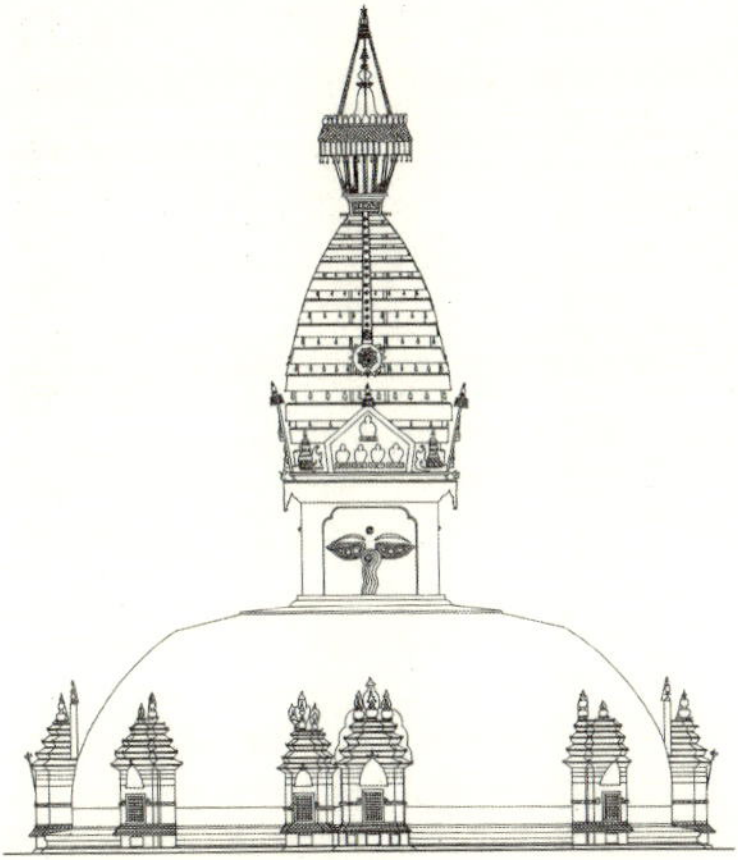
スワヤンブー仏塔プラン
（福島、マンダラ・ミュージアム提供）

このスワヤンブーの仏塔にはいくつかの龕《がん》（側面に彫りこんだ窪《くぼ》み）が設けられ、その中に仏像が収められている。元来、これらの龕には文殊菩薩を中尊とする法界マンダラの仏たちの像があったのだが、十六世紀頃、一つの龕が追加され、そこに金剛界マンダラの中尊大日如来の像が祀られた。その結果、金剛界マンダラと法界マンダラの折衷されたような形になった。このようにスワヤンブー仏塔は、ブッダの身体を表すとともに、立体的なマンダラともなっている。

71　仏塔を回る人々――中心へと限りなく入る

わたしがスワヤンブー仏塔を初めて訪れたのは、一九七八年の年末で、とても寒かった。ここには参拝者たちのための休憩所、鬼子母神《きしぼじん》の寺、寄進された小さな仏塔群などがある。ここに本堂はない。仏塔がいわば本堂なのだ。一九八二年の夏以降は、カトマンドゥにしばしば訪れている。

仏塔への参道にはたくさんの土産物屋が並んでいる。土産を売る人々はこの二、三十年ほとんど変わっていない。でも、髪が白く、顔が黒くなり、歯が抜け落ちたりしている。だが、彼らはこの仏塔の近くにいる。

七月から八月にかけて一か月間、ネワール仏教ではこの仏塔を中心にグンラー・ダルマ祭が行われる。その期間、人々は出勤前に仏塔にやって来て、右回りに回り、帰っていく。

二、三十年前には、人々は太鼓をたたき、笛を吹きながら列をなしてスワヤンブー仏塔に行った。わたしの定宿は仏塔への通路に面していたために、毎朝六時ごろ仏塔へ行く楽隊の音で目が覚めた。最近はあの懐かしい音楽はほとんど聞かれなくなったが、人々は今でも特にグンラー・ダルマ祭の期間は仏塔の周りを回っている。仏塔や仏像などを右回りに回ることは、右にしているものを尊敬する行為であって、その中心に限りなく入っていくことだと考えられている。

日本の仏教寺院の本堂の場合も本尊を中心にして右回りに回ることができるように造られている。つまり、本尊に向かって左側から本尊の後方を回り、右側から再び本尊を右手にして戻るように設計されているのである。尊敬すべきものを右回りに回ることは、ヒンドゥー教においても見られる。スワヤンブー仏塔の周りを人々が回っているのを見ていると、輪廻の輪を見ているような気がする。

人々のみではない。この大仏塔の周りにある夥しい数の仏塔や休憩所、売店などすべてがスワヤンブー仏塔の周りを回っているように思われる。土産を売る人々も周りの木々も巨人ブッダの身体に吸い込まれつつあるように見える。

楽隊を組んでスワヤンブー仏塔に行く人々。
カトマンドゥ盆地にて

72 仏塔とリンガ――卵形のシンボルを共有

スワヤンブー仏塔から北西に十五メートルほどの所にすこしばかり複雑な構造の仏塔がある（写真参照）。この仏塔は「水の流し口がある仏塔」と呼ばれる。この流し口は明らかにヒンドゥー教におけるヨーニ（女性性器）をかたどったものであり、ヨーニは女性原理を意味する。ヒンドゥー教では古くから男神シヴァ神とその妃が一体となったシンボル、つまり「ヨーニの上に立つリンガ（男根）」が用いられてきた。リンガはシヴァを、ヨーニは彼の妃を意味している。

この写真にある「水の流し口がある仏塔」には、今述べた「リンガとヨーニ」のイメージが生かされている。この仏塔はヨーニの上に立つリンガを思わせる。この仏塔のデザイナーたちは、まずヨーニの上にそそり立つリンガをイメージして、次にリンガの代わりに仏塔を置いたと考えられる。

このような成り行きは、仏塔とリンガという一見、無関係に見えるものが共通する何ものかを有していたから起きたことである。両者の形に共通する基本形は「卵」（アンダ）だ。仏塔から平頭を除けばリンガとなる。仏塔は涅槃すなわち死を意味し、リンガはシヴァの生命力を意味した。このように両者のシンボルはある層では異なるが、より深い層においてはどちらも世界を意味した。卵が世界を意味するという伝統はすでに紀元前五世紀頃の文献に見られる。

古代インドの仏教窟およびヒンドゥー教窟の内部はともに馬蹄形《ばていけい》をしているが、その最も奥まったところに仏塔あるいはリンガが置かれており、崇拝の対象となっていた。仏教徒とヒンドゥー教徒はともに卵形のシンボルを聖なるものとして崇拝していたのである。後世になって、例えば、カトマンドゥ盆地におけるように、仏教とヒンドゥー教が互いに影響を与え合うほどに「近い」地域にあっては、このような仏塔が造られたのである。

ヨーニの上に立つ仏塔

ヨーニの上の仏塔本体の四面には金剛界マンダラの四仏が見られ、その上に卵がある。この形の仏塔は十九世紀以降に造られたが、カトマンドゥにおける仏教とヒンドゥー教の近い関係を物語っている。

73　秘密仏サンヴァラ——ヒンドゥーの教理取り込む

ここに載せた画を見ていただきたい。これは日本仏教のほとけたちの中ではまず見られない姿をしている。だが、これは仏教のほとけであり、しかも如来であり、「世尊」（バガヴァッド。第50項）と呼ばれるサンヴァラ尊である。

このほとけが「妃」を抱いていることに違和感を覚える人もおられることと思う。背後に広げられた象の生皮、血で充《み》たされた頭蓋骨杯、肉切り包丁、切り取られた人の首で作られた環など、どれをとってもそれまでの伝統的仏教のほとけたちとあまりにイメージが離れすぎている。このような異形の仏は「秘密仏」と呼ばれる。

このサンヴァラの線画はカトマンドゥで入手したものだが、この仏のイメージはすでに九、十世紀のインドでは成立していた。また、ネパール、チベットにおける後期仏教タントリズムでは有名なほとけである。

九世紀に空海、円仁《えんにん》（七九四～八六四年）、円珍によって中国からもたらされた密教は、今述べたようなおどろおどろしいほとけたちが活躍する以前のものであった。しかし、仏教タントリズムはその後、ネパールやチベットの地で千年以上にわたって変化、発展を遂げてきた。インドの七、八世紀は仏教タントリズムの興隆期であった。一方、この時期はヒンドゥー教が勢力を増大させていた時でもあった。このような状況の中で、仏教徒はヒンドゥーの神のイメージ全体を、あるいはその一部、つまり、持物、装飾、乗物などを受け取って仏教のほとけとしてのイメージ作りをした。

サンヴァラは身体が青く、象の皮を被り、虎皮の腰巻きをし、髪には三日月の飾りをつけ、三眼で、三《さん》叉《さ》戟《げき》、ダマル太鼓、頭蓋骨、生首の環などを持つ。これらの諸特徴は、ヒンドゥー教の主神シヴァのものであった。仏教徒にはもはや独創力が乏しくなっていたのだ。一方、サンヴァラの姿は仏教徒たちが当時、社会の表面に昇ってきた血、皮、骨などの儀礼、性の問題に対して対処した結果でもあった。

後期仏教タントリズムの秘密仏サンヴァラの線画。カトマンドゥにて入手

またサンヴァラはシヴァを踏んでいる。これは「サンヴァラ」と呼ばれる仏が、ヒンドゥー教の神より勝っていることを示すためであった。

74 ホーマ（護摩）の儀礼——バラモン教から移入

カトマンドゥ盆地のスワヤンブー仏塔では土曜日の朝、ホーマ（護摩）が行われる。ある土曜の朝、仏塔の脇で行われるホーマの儀礼を見に行った。

「ホーマ」とは「火に供物を入れる」を意味する動詞「フ」（hu）に由来し、火の神に供物を捧げることだ。バラモン教のホーマが仏教の密教に取り入れられ、中国において「護摩」と音写された。地面に設けられた四角い炉の前に三十を超える銅製の小皿が置かれ、それらに豆類、トウモロコシ、米などが生のまま入っていた。一人のネワール僧が真言を唱えながら、金属製の杓《しゃく》を用いて豆などの供物を次々と火の中に投げ入れていた。

その僧の頭の冠に金剛界マンダラの五仏の像が彫り込まれていた。これは、かの僧が儀礼において仏と同一視されていることを意味する。

火の儀礼は、元来、印欧語（インド・ヨーロッパ語）を話す人々の間で重視された。印欧語族に属する古代イラン人のゾロアスター教徒（拝火教徒）の一部が、今日のインド・ムンバイ市およびその周辺に残っている。彼らは日に五回、梅檀《せんだん》の木片を燃やすという。

古代インドのバラモン教においてホーマは最も基本的な儀礼であった。バラモン僧たちは、チームを組んで、米粉で練って焼いた餅とバター油（バターを熱してできる上澄みの油）を供物として火の神へと捧げた。火の神は、天界に住む神々へと供物を届ける使者だった。バラモン教のホーマの目的は、長寿、病気の治癒、息子の誕生などであった。

仏教はバラモン教のホーマを取り入れる際、悟りを得るための修行であるという意味を加えた。つまり、外で火に供物を入れる行為は、内つまり心の中では煩悩を焼くというのである。

ホーマを焚くネワール仏教僧。
スワヤンブー仏塔にて

インド仏教のホーマはネパール、チベット、日本などに伝えられ、今日に至っている。カトマンドゥのネワール仏教においてホーマは、家長の誕生祝い、病気治癒、密教僧の修行などのさまざまな目的のために焚《た》かれる。

日本では真言宗、天台宗、修験道などで護摩が焚かれているが、その規模や所作の順序などはネワールのホーマに似ている。

75　チベット仏教とラマ教――「師」の存在を重要視

地図を広げてみると、今日のチベット自治区はインド、ネパールのすぐ北にあることが分かる。だが、チベットが仏教史に登場するのはかなり後になってからだ。チベットがインドから仏教を取り入れ始めたのは七世紀前半であるが、チベット王室が本格的にインド仏教を導入したのは八世紀後半以降だ。

八世紀、中央アジアの仏教はほとんど亡んでいた。中央アジアを通じて仏教を受け入れていた中国は七、八世紀、つまり、隋《ずい》や唐の時代には、自分たち独自の仏教を確立させていた。チベット仏教も千数百年の歴史の中で独自の発展をした。この歴史は前伝期《ぜんでんき》と後伝期《こうでんき》に分けられる。前伝期は、九世紀中葉までのインド仏教導入の時代だ。その後しばらくの「暗黒期」を経て、十一世紀頃から今日に至るまでが、後伝期だ。

後伝期はさらに三期に分けられる。十一世紀における仏教復興から十五世紀初頭におけるゲルク派（ダライ・ラマの宗派）の立宗までの第一期、それ以後、一九五九年の「チベット動乱」までの第二期、動乱の後、今日に至るまでの第三期だ。

チベット仏教とラマ教とは同じか、とよく聞かれる。同じものだ。チベット語「ラマ」の「ラ」は目上、「マ」は人、それゆえ「ラマ」とは目上の人、師を意味する。チベット仏教では師の位置が際立って重要であるゆえに、この点に着目したヨーロッパの研究者たちが「先生（ラマ）中心主義」、つまり、「ラマイズム」と呼んだのだ。しかし、最近では「ラマ教」という呼び名はほとんど使われない。

チベット仏教の護摩。
カトマンドゥ市に新設されたシェーカル寺院にて

　チベット仏教は、密教と顕教（非密教）の両面を合わせ持っている。チベット仏教が栄えていた時代には、チベット仏教は数多くの大僧院によって主導されていた。諸僧院には数百から数千の僧侶が戒律を守って修行していたが、密教の修行に進み得たのは、それらの僧侶たちの中から選ばれたわずかなエリートたちであった。僧院においては非密教的仏教の方が主流だった。

　僧院に住まずに妻帯した密教僧たちもいたが、彼らは常に少数派であった。

76 チベット仏教の台頭——国家の庇護、後には弾圧

チベットには六世紀末から七世紀前半にかけてソンツェン・ガンポ王が出た。この王の治世以降、チベットは国力を増大させた。この王は、息子のために中国から文成公主《ぶんせいこうしゅ》を妃に迎えたが、息子が早死にしたためその寡婦を娶《めと》り、さらにネパールから来たペーモ・ティツン公主（ブリクティ。第69項）をも妃としたと伝えられている。当時のチベットは中国やネパールにとって「強国」だったのだ。

次世紀のティソン・デツェン王は八世紀半《なか》ば、仏教を本格的に導入し始める。王はインドの学僧シャーンタラクシタをチベットに迎え、インド仏教をチベットに伝えさせた。彼は、当時のインド仏教を代表する学僧であった。彼のような人物がチベットに渡り、その地で没したということは、当時のインドおよびチベットにおける仏教の状況を語っている。

シャーンタラクシタは、七八七年、チベットで最も由緒あるサムイェー僧院を建立した。この僧院の開眼供養を記念して、チベットにおいて初めて出家僧が生まれた。シャーンタラクシタの仏教は、戒律を守り、階梯を踏んで修行し、論理学や認識論を重視する顕教であった。

一方、シャーンタラクシタの進言により、呪術に通じたインドの密教行者蓮華生《れんげしょう》（パドマサンバヴァ）がチベットに招かれて、この僧院の地鎮祭を執行した。この密教行者の「法力」は、当時のチベットの人々の心を畏怖《いふ》させたという。彼はほどなく他界している。

蓮華生のチベット滞在は短いものであったが、彼はチベット仏教のニンマ派の祖として今日においても尊崇されている。「ニンマ」とは「古い」という意味であるが、ニンマ派つまり古派は古い伝統を守る。

釈迦牟尼線画（白描）。
チベット仏教図像集『五百尊図像集』より

特に九世紀初頭から約四十年の間に、チベットでは国家庇護のもとに膨大な量の仏教経典がチベット語に訳された。仏教教団の国家的維持が、チベットの経済にとって負担となり、八四〇年頃に仏教に対する弾圧が行われた。これまでの仏教を前伝期と呼ぶ。

弾圧以後十一世紀頃まで、チベット仏教は、「暗黒期」を迎えることになった。

77　チベット仏教の復興――諸教団が氏族と結び付く

十一世紀には、中央チベットから離れた所、例えば、現在の中国・青海省《せいかいしょう》のアムドとか、あるいは西チベットのガリにおいて、仏教の復興運動が起きた。「後伝期仏教」の台頭である。インド人アティーシャのカダム派、チベット人マルパのカギュ派、同じくチベット人コンチョクゲルポのサキャ派などが次々と成立した。少し遅れて十一世紀末には南インド出身のパタンパサンゲーがシチェ派を開いた。一方、前伝期の仏教を受け継ぐニンマ派も、新しい活躍を始めた。

マルパは、インドやネパールに留学し、帰国後、カギュ派を建てた。「カ」とは言葉、教えであり、「ギュ」は伝統のことである。したがって「カギュ」とは「教えの伝統」を意味する。一般に、この派では論理学や認識論の確立よりも、瞑想修行が重んじられた。

マルパの弟子に有名な行者ミラレーパがいる。ミラレーパには、チベット仏教史にとって重要な弟子たちがいる。その一人が十二世紀前半に活躍したガムポパだ。彼によってカギュ派の教団が組織化された。

十一世紀以降に復興したチベット仏教では、強固な組織体を持った諸教団が成立した。チベット仏教の特徴は、チベット仏教の諸派がそれぞれ、豪族との結び付きを強くして氏族教団という形を採ったことである。

カギュ派と並んで重要な宗派となったサキャ派は、コン氏族の支援を受け、さらに元朝と深い関係を持った。サキャ派の指導者でフビライ汗の帝師となったパクパあるいはパスパ（十三世紀）の時代に、サキャ派は元朝と結び付いて全盛時代を迎えた。この宗派は元朝よりチベットの支配を任せられた。

サキャ派の僧たちは、瞑想修行をする一方で、論理学、マンダラ理論などをも研究した。

ニンマ派は土着崇拝の要素を吸収し、今日もヒマーラヤ地方において活動を続けている。

これらの教団の活躍の時期が、後伝期第一期に当たる。

無量寿仏（阿弥陀仏）線画。
チベット仏教図像集『五百尊図像集』より

78　ツォンカパとゲルク派――顕教と密教を統合

チベット仏教史のうちで画期的人物を挙げよと言われれば、誰もがツォンカパの名を挙げるだろう。彼は単にゲルク派の開祖であるにとどまらず、十五世紀以降のチベット仏教の方向を定めた人物だ。

彼が生まれた十四世紀後半は、かつてチベットを武力で脅したモンゴル（元朝）はすでに力を失っており、次の明《みん》朝はチベットに対して寛容だった。それでもチベット仏教を取り巻く状況はインドから仏教を学んでいた十一、二世紀頃とは異なり、厳しかった。

十四世紀後半、インドで大乗仏教はほとんど消滅していた。ツォンカパの時代には、チベット人たちはインド大乗仏教との直接の接触がないままに、それまでに学んだインド仏教の伝統を自分たちの精神的風土の中で消化しようとした。

ツォンカパ誕生の地はアムドの青海湖近くである。この地はラサなどのある中央チベットから遠く離れていた。にもかかわらず、彼が学んだテキストおよび彼の著作は、仏教の教義はむろんのこと、儀礼の作法、マンダラの描き方など仏教のすべての分野にわたる。彼は、多くの僧院をまわり、数多くの師に就き、顕教のみならず密教のほとんどあらゆるテキストを学習し、顕教および密教両者を統一的システムへとつくり上げた。

ツォンカパの密教理解は師ウマパに会って飛躍する。三十六歳の頃、ツォンカパは「文殊菩薩を眼前に見る」というウマパに会い、文殊を眼前に見ることができるようになったという。ツォンカパが文殊と問答をしたことはよく知られている。カトマンドゥなどには神々の姿を目のあたりにしてそれと一体になる技法が今日も生きている。

ツォンカパ木版画。
チベット仏教図像集『五百尊図像集』より

ツォンカパによって建てられたゲルク派は、カギュ派やサキャ派との抗争の後、十七世紀の中葉、ダライ・ラマ政権を確立させた。現在のダライ・ラマは第十四世である。一九五九年の「動乱」以降、ダライ・ラマはインドに亡命している。これからのチベット仏教がどのようになるのかを知るにはまだ時間がかかるだろう。

79　チベットのマンダラ集――ゴル派の僧院で集大成

「昨日、退院したところだ。胃癌《いがん》だった」

　車を運転しながらソナム先生が言われた。一九八七年一月、カリフォルニア大学バークリー校に着いた私を迎えに来てくださった時のことだ。

　ソナム・ギャッツォ先生はチベット仏教のサキャ派の分派ゴル派の僧院長を務められた。一九五九年に亡命し、東京駒込にある東洋文庫の研究員として十年あまり滞在されたが、七〇年代のなかば、アメリカに渡られ、還俗された。私は学生の時、しばしば東京に通い、東洋文庫でソナム先生から多くを学ぶことができた。先生は一九八七年の秋に亡くなられた。

　二十数年が過ぎて、二〇一二年の秋、再びバークリー校で教えることができた。サンスクリットのマンダラ集『完成せるヨーガの環』を学生と読んだ。ソナム先生の奥さんにも再会できた。ご健在だった。家に招かれ、写真や手紙を見せてもらった。

　ソナム先生が居られたゴル僧院では、十九世紀末、マンダラの理論や儀礼の集大成がなされた。インド由来のマンダラやチベットで生まれたマンダラ百三十九種に関するテキスト『タントラ部集成』（全三十二巻。第65項図参照）が編纂されたのである。

ソナム先生によれば、当時、そのテキストに従ってマンダラ図のセットが三部描かれた。その内の一部を私は見たことがある。三十八・五センチ四方のキャンバスの上に、米粒に絵を書くような手法でマンダラが描かれていた。小さなほとけたちの顔をルーペで見て感動したことを覚えている。

19世紀末のチベットで描かれカトマンドゥで複製された胎蔵マンダラ。『タントラ部集成』20番（2006年）

このマンダラ集（第一部）は、一九八三年、ソナム先生が解説を付け、杉浦康平氏がデザインを担当されて、講談社から拡大複製された。第二部は、二〇〇六年、カトマンドゥで複製出版された。第三部の行方は今のところ不明だ。

一辺四十センチ弱のマンダラ図は、それぞれのマンダラの伝統を守る師からその伝統を受け継ぐ許可を受ける際の儀礼に用いられた。

ソナム先生は亡命直前、シッキムに行かれて、師からマンダラ学習の許可を得られたとのことだ。

80　ポン教――仏教伝来以前から土着崇拝

かつては「ボン（bon）教」と呼ばれたが、最近では「ポン教」という。これは仏教がチベットに導入される以前からチベット、中央アジア、北インドなどに存在していた土着的崇拝の一種である。「ポン」とは仏教伝来以前には「神を呼び出す僧」を意味したが、後世、ポン教を意味する語として用いられるようになった。

教祖はシェンラプ・ミオと言われるが、彼の年代などは全く分かっていない。十世紀頃の彼のいくつかの伝記には、チベット西部マナサロワール湖の近くシャンシュンの地で生まれたとある。彼の伝記はゴータマ・ブッダの伝記の「焼き直し」だ。

ポン教はチベットにおいて八世紀後半までは仏教に対抗していたが、七八五年頃、ポン教徒は大弾圧を受けた。それ以後、十一世紀頃までのポン教については何も分かっていない。

十一世紀、ポン教は仏教の影響を受けて新しく生まれ変わる。一〇七二年、イェール・イェンサカの僧院が建立されたのに続いて数多くの僧院が建てられた。この後、三世紀あまりポン教は農民らの支持を得ており、文献も著されたが、十四世紀頃から徐々に衰えた。

しかし、その後もポン教の伝統は伝えられ、十九世紀後半シャルザ・タシゲルツェンを中心にして復興の試みもなされている。ポン教の文献はこれまで外部にはほとんど知られていなかったが、その量は驚くほど多い。十八世紀にはポン教大蔵経三百冊が成立した。ポン教徒たちはインド以来の論理学・認識論を学び、仏教の「空性」の思想に対抗する「ポン性」（ポンの本質）の思想を確立させた。

本堂の天井に描かれたポン教のマンダラ。
カトマンドゥ、ティテンノルプ僧院にて

　さらに、ポン教は仏教の密教を学び、自分たち独自のマンダラ百種以上を作り出し、それぞれのマンダラ儀礼も伝えてきた。マンダラに並ぶ神々は、仏教のほとけたちに似てはいるが、同じではない。

　もともとポン教は死者儀礼を中心とする宗教であったが、一方で独自の呪術的な儀礼も保持してきた。今日、北インド、ネパール、チベット、ヨーロッパなどで活動を続けている。

81　インド仏教の消滅——思想的な「目玉」を失う

「なぜインドで仏教は亡んだのか」

その理由は案外、簡単だ。そもそも仏教は、インド文化の中心である僧侶階級バラモンたちの聖典ヴェーダの権威を認めなかったし（第2項）、ヴェーダに基づく儀礼を行って長寿や病気治癒などの現世利益《げんせりやく》を求めることもなかった。さらに仏教は出家中心主義を採ったために、ヒンドゥー社会の枠組みである身分制度（ヴァルナ制度）には属さなかった。インドは仏教を生んだが、遅かれ早かれ「母」なるインドは「反逆児」仏教を他国に追いやる運命にあった。もっともそんな「鬼っ子」を生んだのは、インド精神の寛容性であった。

ブッダは儀礼によって現世利益を願うのではなく、瞑想などの修行によって心の目覚めを得ようとした。こうした態度は、当時のバラモン教にはほとんどなかった。だが、時を経て、バラモン教に代わってヒンドゥー教が勢力を得てくると、ヒンドゥー教においても個々人の魂の救いが重視されるようになった。仏教は人々に訴える「目玉」を失ったのだ。

ヒンドゥー教は誕生祝い、葬儀などの人生儀礼や現世利益を求める供養祭を積極的に行い、人々の生活の中に入っていった。さらに婚姻法、相続法、刑法、借款法など人々の生活のほとんどあらゆる場面の規範となった。

仏教は、儀礼一般に冷淡であり、大衆からは離れていた。それゆえ、自らの思想の「目玉」を失うとともに社会から遊離していった。このことがインド仏教滅亡の大きな原因となった。別の原因としてはイスラム教徒による仏教僧院の襲撃が挙げられる。特に十三世紀の初頭には多くの僧院が攻撃され、僧や尼僧が殺された。仏教は僧院中心主義を採っていたために、僧院が襲撃されると、急速に衰退した。

11世紀頃西ベンガルで制作されたブッダ像
(ニューデリー国立博物館蔵)

ヒンドゥー教の知識や儀礼はそれぞれの家で伝授されていたため、イスラム教によるヒンドゥー教の圧迫は仏教より決定的に少なかった。

現在のインドには二十世紀に生まれたネオ・ブッディズムや少数のテーラヴァーダ仏教徒が存するのみである。

82　東南アジアの仏教――「長老たちの教え」台頭

　今日の東南アジアは、インドシナ半島とインドネシアに大きく分けられるが、「インドシナ」とは「インド的なチャイナ」という意味であり、「インドネシア」とは「インドの島々」を意味する。

　インドシナ半島にはミャンマー連邦共和国、タイ王国、カンボジア王国、ラオス人民民主共和国、ベトナム社会主義共和国などがあり、「インドの島々」にはインドネシア共和国などがある。

　東南アジアは、インドと中国という二つの大陸あるいは文明圏の「間」に位置するといえよう。しかし、だからといって、東南アジア諸国の文化が、インド文化と中国文化という二本の巨木の摩擦でできた破片にすぎないというわけではない。東南アジア諸国の文化はそれぞれの国に特有な状況を踏まえて展開してきたのである。

　ヒンドゥー教は、インド亜大陸のみに流布したのではない。今日のミャンマー、タイ、ラオス南部、ベトナム中部および南部、カンボジア、ジャワ、バリなどに伝播していた。

しかし、今日の東南アジア諸国には、バリ島を別にすれば、ヒンドゥー教文化はほとんど残っていない。十五世紀までヒンドゥー教文化が残っていたジャワ中部も、その後はイスラム教文化圏となった。

ラオス最大の仏塔タートルアン。ヴィエンチャンにて

今日のベトナムを除くインドシナではテーラヴァーダ仏教（長老たちの教えを中心とする仏教。第3項）が流布している。

カンボジア、ラオス南部などでは、十三世紀頃までヒンドゥー教および大乗仏教が勢力を保っていた。大乗仏教は、スリランカ、ジャワやバリにも広がっていた。

十三世紀といえば、インド平原がイスラム教徒による政治的支配を受けて間もない頃であった。

インド亜大陸が十三世紀以降イスラム教徒の政治的支配を受けるようになって、インドの大乗仏教が急速に力を失うとともに、インドシナにおけるヒンドゥー教と大乗仏教は急速に衰退した。

83　東南アジアの王と仏——自身の姿、同一視し表現

ラオスの首都ヴィエンチャンにはラオス最大といわれるタートルアン仏塔がある。ここの境内で興味深い「仏像」を見た。等身大よりすこし大きめの禅定印を結ぶ阿弥陀仏像なのだが、その顔はどう見ても「生ぐさい」。

案内人は、その像はカンボジア・アンコール朝の王ジャヤヴァルマン七世（在位一一八一〜一二一八年頃）の顔を写したものだと説明してくれた。王は自身を阿弥陀仏と同一視していたようだ。彼が仏教を保護したことは有名だが、その覇権は今日のラオスにも及んでいたのである。

この王は居城アンコール・トムを造営し、その中に中心寺院バイヨンを建てた。この寺院に作られた数多くの塔堂の四面に付けられた巨大な顔は観自在菩薩の顔と一般には言われている。「バイヨンの観自在菩薩像の額の上には阿弥陀仏の化仏《けぶつ》がある」という人もいる。しかし、化仏に見えるのは窓であり、かの巨大な顔もジャヤヴァルマン七世の顔ではなかったかと私には思えるのだ。

カンボジア、ベトナム、タイなどの東南アジア諸国にあっては、国王や藩侯はしばしば自らをブッダあるいはシヴァ、ヴィシュヌといったヒンドゥー教の神であると宣言した。国王の顔の付けられたシヴァのシンボルであるリンガは、ベトナムやカンボジアに少なからず残っている。

仏教徒の王の場合も同様に、自分を仏あるいは菩薩と同一視した。仏教徒の王は工人たちに自分の顔あるいは姿を仏や菩薩の姿で表現させたと思われる。タートルアン仏塔の近くに残っているかの阿弥陀像はその一例である。

ジャヤヴァルマン七世の顔を写した阿弥陀像。タートルアン仏塔の近くにて

インドでは国王の姿をブッダや神として造形化することはまずない。というのは、インドでは僧侶階級（バラモン）の勢力が強いために、第二の武士階級（クシャトリア）が神などの姿をとることは許されなかったからだ。

東南アジア諸国にもバラモンたちは存在したが、インドにおけるほど彼らの宗教的権威は強くなかった。それゆえ、東南アジアの王たちは自身の姿を神の姿に表現できたのだ。

84　ブッダと惑星――曜日ごとに異なるポーズ

タイ・バンコクの代表的な寺院であるワット・ポーを訪れた。この寺院には長さ四十六メートルの「横になったブッダの像」がある。タイ人たちは「これはブッダの亡くなった時の姿、つまり涅槃の像ではなく、横になって休んでおられるブッダだ」という。横になったブッダの眼は大きく開かれていた。

タイでは一週間それぞれの曜日のブッダ像が定められている。この国では何曜日に誕生したかが重要なのだ。人々は自分の誕生日の曜日を覚えていて、その曜日のブッダ像を大切にする。火曜日は火星の日であるが、タイでは「火星は強いエネルギーを放出しており、そのエネルギーを鎮めるためにブッダは横になっておられる」という。それゆえ、火曜日のブッダは横になっている。

火曜日が火星に関係するように、他の曜日もそれぞれの太陽、月あるいは惑星と関係する。日曜日生まれの、つまり、太陽と関係する人が信奉するブッダは、両手を腹部で交差させ「菩《ぼ》提樹《だいじゅ》を見つめる」。月曜日生まれの、月と深い関係にある人のブッダは、左腕を下ろし、右腕を上げ、手のひらを外に向けて「畏れるな」という仕草をする。あるいは、両腕を前に出し、手のひらを外に向け、水の流れをせき止めるという仕草をすることもある。

水曜日午前のブッダは、水星と関係し、鉢を持って立つ。水曜日午後のブッダは日月食を起こすラーフ星と関係し、椅子に坐り、左手は膝の上で手のひらを内側に向け、右手の手のひらは右膝の上で布施を受けるために上に向ける。

木曜午前のブッダは木星と関係し、坐って瞑想する。木曜午後のブッダは、彗星《すいせい》と関係し、坐って右手の指を大地に触れる。悟った時の姿（触地印《そくじいん》）である。金曜日のブッダは、金星と関係し、胸の前で腕を交差させて思索する。土星と関係する土曜日のブッダの背後は蛇たちに守られている。

目を見開いて、横になって休むブッダ像。バンコクのワット・ポーにて

これらの「九つの星」（九曜《くよう》）は人の運命を司《つかさど》ると言われる。人々は自分の「星」を念頭に入れて行事などを決める。バンコクの仏教寺院の境内にはしばしば九種のブッダ像が一列に並んでいる。穴からコインを入れると、その曜日のブッダの祝福の言葉が聞けるという仕掛けもある。

85　ポーズをとるブッダ――何十人分の「役」演じる

前項ではブッダの九種のポーズを紹介したが、東南アジアのブッダはさらに多様なポーズをとる。ラオスのヴィエンチャンにあるワット・ホー・パケオ博物館で入手した冊子には四十五種のポーズが描かれていた。

その第一は右手を差し出して、座にするための草を受け取るポーズだ。第二は両手を下げ、手のひらを腰に向けて立つ、雨乞いのポーズである。第三のポーズでは、両手の手のひらを前に向けて立つ。人々に対して世界を明らかにする仕草だという。

第十三のポーズは、右手を挙げて、手のひらを前に向け、左手は下げたまま、手のひらを前に向ける。人を許す仕草だ。第十四のポーズは、右手を挙げ、その手のひらを前に向けたまま、首を左に回すというものだ。これは病んだブッダが郷里への旅の途中で、ヴァイシャーリーの町を振り返られた時の姿である。

第二十二は、座に腰掛け、右手を挙げて手のひらを前に向け、左の手は膝に置き、手のひらを上に向けるという仕草である。これは船に乗る動作だ。

第四十一のポーズでは、ブッダは足を組んで坐り、左手で鉢を支え、右手を鉢の中に入れている。これは食事をする仕草だ。最後の第四十五は、涅槃に入られたブッダの姿である。ここでは眼は閉じられている。

大乗仏教のブッダ（仏）たちもさまざまな仕草をする。マンダラに登場するブッダたちが説法する仕草や禅定に入っている仕草、願いを叶える仕草をするのをわれわれはすでに見た（第66項）。一方、テーラヴァーダ仏教のブッダ像は、食事というような生活の具体的な場面を表現している。

食事をとるブッダの線画。ラオスで入手した冊子より

大乗仏教ではブッダの他に菩薩、女神、護法神などが活躍する。したがって、仏はそれほど「動か」なくともよい。一方、テーラヴァーダ仏教ではブッダの他に「役者たち」はいない。それゆえ、ブッダは一人二役どころか、何十人分もの「役」を演じなければならない。

ラオスやタイの仏教寺院に行くと、ブッダの像ばかりだ。菩薩も明王もいない。だが、物足りなさを感じることはなく、ブッダという人間の息吹が感じられる。ブッダが生活の匂いのする姿で現れているからだろう。

86　インドネシアの仏教――ボロブドゥールに見る王朝

インドネシアは二・三八億の人口をかかえている。八七・一パーセントがイスラム教徒、九・九パーセントがキリスト教徒、一・七パーセントがヒンドゥー教徒、〇・七パーセントが仏教徒（二〇一〇年統計）である。この国は約一万三千五百の島から成り立っているが、仏教およびヒンドゥー教との関係ではスマトラ、ジャワおよびバリが重要だ。

ジャワ島はすでに紀元前一世紀頃にはインド文化の影響を受けていたと考えられる。七世紀後半にはスマトラ東部を拠点とするシュリービジャヤ朝が生まれた。この王朝はマラッカ海峡をおさえて海上貿易路を支配した。

その頃、中国僧義浄はインド留学の帰途、この国に七年間（六八七～六九四年）滞在した。彼の記述などから、当時、この王国には大乗仏教が勢力を持っていたことが分かる。

八世紀なかば中部ジャワでは大乗仏教を奉じたシャイレーンドラ朝が優勢になったが、九世紀なかばには衰退し、ジャワからは姿を消す。しかし、この王朝は、スマトラのシュリービジャヤ朝の王位に就いており、そこで十一世紀までは勢力を保った。

ジャワにおいては十三世紀末から十六世紀の初めまで栄えたヒンドゥー王国マジャパイトも存在したが、インドネシア全体では十三世紀頃からイスラム教徒の力が強くなり、今日に至っている。

一八一四年、ジャワ島中部で仏教遺跡ボロブドゥールが発見された。一辺百二十メートルの方形の基壇の上に、ピラミッド状に方形の五層と円形の三層が積み上がったものだ。頂上に至る回廊の壁面には千四百余りの浮き彫りがある。その題材はジャータカ物語（ブッダの過去世物語。第30、31項）や大乗経典『華厳経』などからとられている。

この「塔」の各層には金剛界マンダラの五仏（第66項）の像が安置されている。ここに仏教タントリズムの影響があったことに疑いはない。

ボロブドゥールの主要部分は八〜九世紀に造られたと考えられる。おそらくシャイレーンドラ朝の庇護のもとで建設されたのであろう。

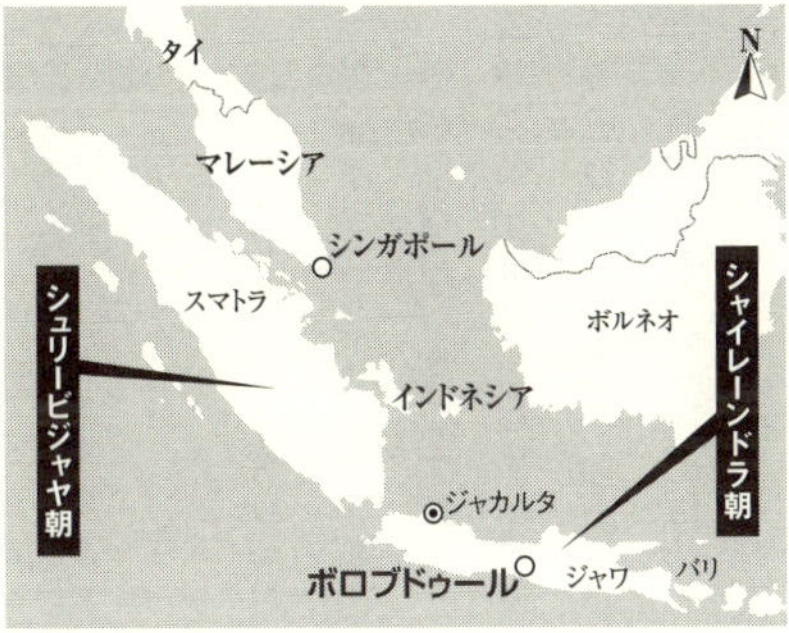

シュリービジャヤ朝とシャイレーンドラ朝

87　バリの大日如来——伝統守る十八人の密教僧

「この像は古い。仏教のものだ」

インドネシア・バリ中部のヒンドゥー教寺院を訪れた時、住職が言った。

その石像は、左手を握ったまま人差し指を立て、その人差し指を右手で包むように握っている。この仕草は、智拳印と呼ばれる大日如来特有の印相《いんそう》だ。

ここはバリ州の州都デンパサールから北東に車で一時間あまり走ったところにあるバトゥワン寺院である。ここしばらく調査の対象としてきた。石像は住職の住まいの門柱の飾りとなっていた。

バリ島の人口約四百二十万（二〇一二年）のうち、約九割がヒンドゥー教徒だ。バリのヒンドゥー教はインドのそれとはかなり異なる。祖先崇拝と土地神への崇拝が強いからである。だが、ブラフマー、ヴィシュヌ、シヴァという三神を崇め、ヒンドゥー教に特有な身分制度（ヴァルナ制度）も保っている。

バリに大乗仏教が伝えられていたことは聞いていたが、智拳印の大日に会うとは思わなかった。この姿の大日があるということはこの地に仏教タントリズムが存在したことを意味する。バトゥワン寺院の住職は、千年くらい前のものだと言う。

デンパサールにある博物館では、観自在、文殊など大乗仏教の尊像が見られる。また、最近まではバリのあちこちに仏塔が残っていたことを示す写真パネルもある。バリ中部には、崩れかけた仏像のみが残る仏教寺院の名残も見られる。バリ島には大乗仏教文献の写本も残っており、その英訳も出版されている。

このように見てくると、かつてはバリ島に大乗仏教が生きていたと言えよう。では、今日のバリでは、大乗仏教の伝統は完全に消えてしまったのか。

智拳印を結ぶ大日石像。
バリ島のバトゥワン寺院にて

実はバリ東部に仏教タントリズムがわずかながら生きているという最近の報告がある（スゲング・タントト「インドネシア・バリ島における大乗仏教」『アジアの仏教と神々』法藏館、二〇一二年）。二〇一〇年当時ではバリにはわずか十八名の密教僧がおり、彼らは厳しい規律の中で彼らの伝統を守っていたということだ。

88　カンボジアの大日如来――廃仏の中に智拳印尊像

二〇〇三年春になって私は初めてアンコール・ワットなどのクメール遺跡を訪れることができた。

二〇〇一年、上智大学の遺跡調査団が大発見をしている。アンコール朝の王ジャヤヴァルマン七世（第83項）が建設したと言われる寺院バンテアイ・クデイの東参道脇に埋められていた二百七十四体の仏像を発掘したのだった。

それらの仏像は深さ二メートルほどの小さな穴の中に頭部と胴部を切り離されて折り重なるようにして埋められていたという。つまり、廃仏があったのだ。頭部は切断されたらしく、鈍器で破壊された跡はなかった。ただ、頭部と胴部とを合わせて復元できた像はほんのわずかだったそうだ。ほとんどが頭部のない状態であったからだ。

これらの仏像は十一世紀から十三世紀前半のものと考えられる。仏教徒ジャヤヴァルマン七世の没後、後のヒンドゥー教徒の王によって廃仏が行われたのであろう。

われわれ一行は幸いにして発掘されたそれらの仏像が一つの部屋に並べられているのを見る

ことができた。首なしのほとけたちが横になっている中で、直方体の仏塔が目にとまった。その内の四面それぞれには尊像が彫られていたが、その内の一面には、智拳印の大日の浮き彫りがあった。しかも、大日の握った右の拳からは金剛の上部分が出ているのだった。

そのように金剛を持ちながらの智拳印は、十二世紀頃、インドで著されたサンスクリットのマンダラ集『完成せるヨーガの環』（第56項）において金剛界マンダラの中尊である大日の印相として述べられている。

智拳印を結ぶ大日如来
（ニューデリー国立博物館蔵）

金剛を持ちながら智拳印を結ぶ大日像は、インド・ニューデリーの国立博物館にも所蔵されている（ナーランダー出土、十世紀頃）。前項のバリの大日像などと合わせて考えるならば、東南アジアにおいて後期の仏教タントリズムが広がっていたと思われる。

十二、三世紀になると、カンボジアにおいても後期仏教タントリズムの仏の一人であるヘーヴァジュラ（呼金剛《ここんごう》）に対する崇拝が見られたようだ。

89　法顕の旅行（一）――「律」の経典求めインドへ

紀元四〇〇年頃、中国東晋《とうしん》の時代、今日の山西省生まれの仏教僧法顕《ほっけん》。彼は三九九年春、仲間とともに経典を求めてインドに旅立った。

中央アジア、インド、スリランカ、スマトラ（あるいはジャワ）を経て、四一二年夏、今の山東半島に帰りついた。法顕の旅行記『法顕伝』は、四〇〇年頃の中央アジアやインドの様子を語る記録としては他に例がない。四〇〇年頃のインドでは、大乗仏教思想の確立者である世親が活躍しており、一方で、ヒンドゥー教哲学の体系が整備されつつあった。

法顕は中国に生活規律である「戒律」のうち「律」の経典が少ないことを嘆き、律の経典を求めて旅立ったのである。律とは、罰則を含む、僧たちの生活規範だ。ちなみに、「戒」とは、罰則を含まない、僧たちの行動の目標である。

長安を出発した一行は敦煌《とんこう》に着く。敦煌太守に旅費を供給してもらい、タリム盆地の鄯善《ぜんぜん》に到着できた。「この国の王は仏法を奉じていて、四千余の僧がおり、インドの小乗仏教を学んでいる」と法顕は伝えている。

古来、中国とインドを結ぶ道には天山《てんざん》北路と天山南路があった。「シルク・ロード」のインド以東の部分である。北路は天山山脈の北を通り、南路は南を通る。南路はタクラマカン砂漠とタリム盆地の北を行く北道と、南を行く南道に分かれる。法顕たちは敦煌から鄯善までは南道を通ったが、それから砂漠を渡って北道のカラシャールに行き、再び南道のコータン（于《う》闐《てん》）に着いた。この国には大乗仏教の僧が数万いたという。

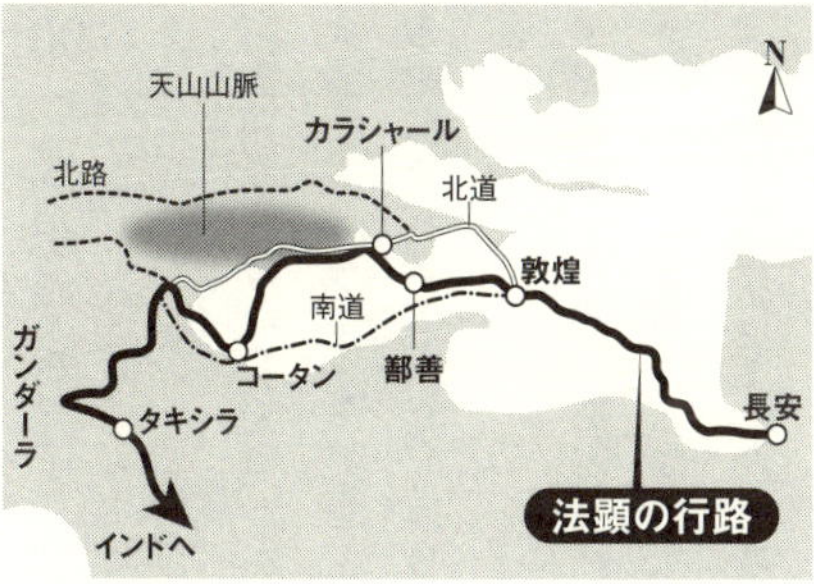

法顕の行路

その後、一行は南道を通り、幾つかの国を通り過ぎ、カシュガル（あるいはその南のタシュクルガン）に到着した。「この国では国王による盛大な法要が営まれていた」と法顕は記している。

一行は南下して「北天竺《きたてんじく》」に入った。つまり、今日のパキスタン北部のスワット、タキシラなどを訪れたのだ。タキシラの近くには、ブッダが菩薩だった時、身を投げて飢えた虎に食わせたという伝説の場所がある。そこにも法顕は訪れている。

この時、法顕、六十七歳。まだ旅は続く。

90　法顕の旅行（二）――聖地、すでに見る影なく

法顕たちは「北天竺」を経て、「中天竺」（中インド）に入った。彼らは今日のデリーの南にあるマトゥラー（第34項）を訪れた。ここは仏教、ヒンドゥー教さらにジャイナ教の「神々」の彫像で有名であり、彼らが訪れた頃もマトゥラー形式の彫像が盛んに作られていたと思われる。

ヤムナー川辺にあったこの国では仏教が信奉され、二十の僧伽藍《がらん》があり、僧はほぼ三千人もいた、と『法顕伝』は記す。この国では、法顕の叙述から類推して、人々は主としてテーラヴァーダ仏教を信奉したと考えられるが、文殊菩薩や観音菩薩が信仰されていたと伝えられるので大乗仏教徒もいたことが分かる。

法顕たちは東に向かい、聖地サンカーシャに着く。ここはブッダが帝釈天の住む三十三天で亡き母のために説法した後、降りてきた地点といわれていた（第22項）。この伝承がブッダのどのような行為をもとにして生まれたのかは不明だ。しかし、この伝承は、その後の仏教徒による祖先崇拝にとって重要な根拠となった。

法顕一行はブッダの布教の拠点の一つであった舎衛城（第21項）を訪れたが、「城内は人が少なく、二百余家しかなかった」という。その近くの祇園精舎（同前）も廃墟《はいきょ》に近い状態にあった、と記されている。シャカ族の都であり、ブッダの故郷であったカピラヴァスツ（第6項）は「はなはだ荒れていた」。

ブッダの入滅の地クシナガラには仏塔や伽藍はあるものの、わずかな僧がいるのみであった。マガダ国のパータリプトラ（今のパトナ）にあるアショーカ王塔の近くでは「小乗の寺も大乗の寺もあり、六、七百の僧が集まっていた」。法顕はこの地にしばらく留まって、サンスクリットを学び、律関係の写本を収集した。

説法する弥勒菩薩のキジル石窟壁画
（ベルリン、国立インド美術館蔵）

仲間たちと別れ、法顕は一人帰路につく。ベンガル地方や獅子国（スリランカ）において仏教が盛んなことを見た後、マラッカ海峡を通り、山東省に着き、今の南京《なんきん》に帰着した。法顕七十八歳であった。

帰国後の数年間、法顕は経典の翻訳に従事した。

91　宇宙の姿のブッダ——日本では見られぬ尊像

ニューデリーの国立博物館で珍しいブッダの絵を見た。その絵は、フレスコ（漆喰《しっくい》を塗った壁に描かれたもの）の断片であったが、そのブッダの胴や腕にはさまざまなシンボル、模様などが書き込まれていた。

腕には経典と金剛、右肩には太陽、左肩に月、首には首飾り、右胸に円形の宝石、左胸には八角形の宝石が描かれていた。胸の中央の複雑な印は「幸福の女神（シュリー）のお気に入り」（シュリーヴァトサ）と呼ばれるもので、偉大な人あるいは神であることを表す。この印は元来、ヴィシュヌ神の胸飾りであったが、仏教やジャイナ教の尊像にも用いられるようになった。

このシュリーヴァトサ印は鉢の上に載り、その鉢は須弥山（メール、スメール）の上にある。須弥山は世界の中心（軸）と考えられている山であり、紀元前の初期仏教経典にすでに述べられている。

その須弥山の中腹は二匹の蛇によって縛られている。この蛇は世界が創造される時に出現し、世界を取り巻く「原初の蛇」である。西洋では「ウロボロス」の名で呼ばれてきた。

この「世界軸」須弥山は、疾走する馬の背にある。この馬の象徴的意味はよく分からないが、おそらくこのブッダが鎮座している仏ではなくて、活動する仏であることを示しているのであろう。もっともほとけたちが馬に乗るのは、中央アジアや中国でよく見られる構図である。

この壁画断片は、法顕がインドに行く時に通った天山南道にあるコータンで、八世紀に描かれたと推定されている。

奈良・東大寺の大仏が毘盧舎那仏であり、この仏は『華厳経』に登場することはすでに述べた（第55項）。コータンの壁画のブッダは、毘盧舎那仏（ヴァイローチャナ）であろうと考えられている。

この絵のように、身体にさまざまなものが描かれたブッダ（コズミック・ブッダ）の像はキジル、カラシャール、敦煌など西域《さいいき》の地、さらに中国にかなりの数が残っているが、日本にはないようだ。これがどのような理由によるのかは、これからの課題だ。

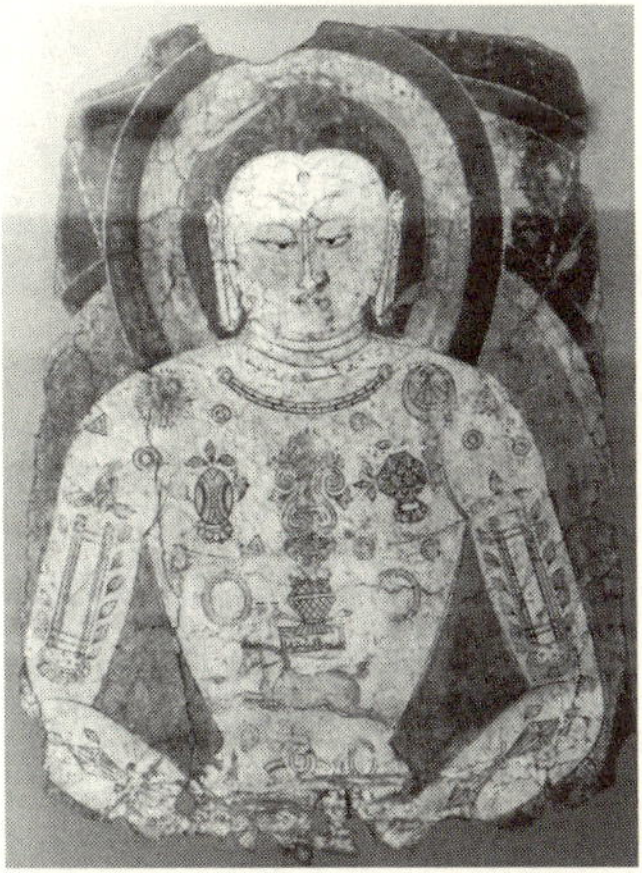

8世紀頃のコータンで描かれたヴァイローチャナ壁画（ニューデリー国立博物館蔵）

92　中国の仏教史（一）――伝来から浸透まで四期

中国に仏教が伝えられたのは、紀元一世紀、後漢の時代だ。チベットに伝えられる数世紀も前のことである。その後、中国の仏教は約二千年を経て今日に至っているが、中国の仏教史は、次のような四期に分けることができる。

第一期「伝来の時代」　後漢（二五～二二〇年）から西晋《せいしん》（二六五～三一六年）まで。

第二期「定着の時代」　五胡《ごこ》十六国（三〇四～四三九年）から南北朝（四二〇～五八九年）まで。

第三期「成熟の時代」　隋唐時代（五八一～九〇七年）。

第四期「民衆浸透の時代」　宋朝（九六〇～一二七九年）以降の時代。

インドのマウリヤ朝（紀元前四～紀元前二世紀）の時代にはすでに西域地方に仏教が伝えられていた。紀元二世紀には西域地方から仏教僧が次々と中国を訪れ、仏典の中国語訳（漢訳）にたずさわった。このように第一期の仏教は、西域地方出身者によって伝えられ、中国人がそれを自分たちの情況に合わせて受容したものだった。

第二期に仏教は社会の中に広まっていったが、当時の人々が仏教に求めたものは主として呪術的な機能であった。仏教はすでに中国にあった道教、神仙道などと結び付きながら、除災、病気治癒といった現世利益の側面を強めていった。それゆえ、仏教僧にも道教の道士が持つような霊能力が期待されたが、外国から来た仏教僧の多くも霊能力を備えていたという。『法華経』を訳した鳩摩羅什《くまらじゅう》や、自らインドに出かけた法顕などが活躍したのもこの時期であり、第二期は中国仏教が開花する次の第三期の準備期間であったといえよう。

両手に竜華樹を持つ弥勒坐像
（北京、雍和宮蔵）

第三期つまり隋唐の時代において中国仏教は開花する。この時期に中国人の思惟による仏教が確立した。

隋（五八一～六一八年）の時代には、インドの空思想の伝統と『法華経』の教えを統合した天台宗が成立した。唐（六一八～九〇七年）の時代には、『華厳経』の伝統を踏まえた華厳宗、さらには禅、浄土教、密教が盛んになった。

93　中国の仏教史（二）――悟りや解脱の追求へ転換

中国仏教の歴史は四期に分けられ、第三期、つまり、隋唐の時代が最盛期であると前項で述べた。

この時期には多くの宗派が成立したが、その内、天台大師智顗《ちぎ》（五三八～五九七年）が確立させた天台宗と、賢首《げんじゅ》大師法蔵《ほうぞう》（六四三～七一二年）が完成させた華厳宗が重要だ。これらは、中国人の思索による仏教思想の体系であった。

この二つの思想の根本は呪術的行法や現世利益にあるのではなく、仏教が本来求めてきた悟りにある。このことは天台と華厳に限ったことではなく、この時期における他の宗派の究極的目的も、悟りあるいは輪廻からの解脱《げだつ》にあった。

第三期の仏教は、厳しい禁欲的な修練を前提としたものであった。戒律を守って自己を律し、世俗的な栄誉は求めないといった自己否定の態度が重視された。

七世紀中葉、三蔵法師玄奘（六〇二～六六四年）は、法顕がしたように、仏典を求めて天竺に行き、帰国して、数多くの経典を翻訳した。一般に読まれている『般若心経』は玄奘の訳したものだ。唐の時代は、密教が発展した時期でもあった。第二期にあっても初期的な密教経典や儀礼が見られたが、第三期の密教は仏教本来の目的である悟りあるいは解脱の追求を正面におし出した。

インドにおける密教（仏教タントリズム）の変質を迅速に反映したのである。紀元七世紀頃にインドの密教は、それまでの呪術的仏教から宗教的悟りを求める宗教へと転換したが、唐時代の密教はその転換後の密教であった。空海が九世紀の初頭に日本に伝えた密教は、この転換後のインド密教にさらに中国的変容が加えられたものであった。

左手に竜華樹を持つ弥勒。
中国、昆明の圓通寺にて

第四期の仏教では、禅と浄土教が勢力を得たが、この時期に中国仏教は民衆の中に広く流布した。

今日、中国では仏教は急速に復興しつつある。浄土信仰と禅が一体になったような形だ。「仏教インターネット」が全国規模で立ち上がっている。北京にあるチベット仏教寺院雍《よう》和宮《わきゅう》には年間三百万の人が訪れるという。

94 中国の阿弥陀仏——その名を唱えて信仰

私の家の宗旨が浄土真宗であるために、親鸞の「正信偈《しょうしんげ》」には小さい時から接する機会があった。その内容はよく分からなかったが、その中にインドや中国の高僧の名前が出てくるのはうっすらと覚えていた。

後になって知ったことだが、「正信偈」は二人のインド僧、三人の中国僧、二人の日本の僧について簡潔に述べることによって、阿弥陀信仰の歴史を語っている。

「二人のインド僧」とは、大乗仏教に理論的モデルを与えた龍樹（二～三世紀）と大乗仏教理論の大成者世親（五世紀頃）だ。前者は、「縁起は空性である」と述べる『中論』の著者として有名だが、阿弥陀仏信仰を説く『十住毘婆沙論《じゅうじゅうびばしゃろん》』の著者とも言われる。後者は、阿弥陀仏を見ること（見仏《けんぶつ》）によって浄土に生まれることを願う『浄土論』の著者と考えられてきた。

龍樹と世親に代表されるインド浄土信仰の伝統は中国に渡り、その地でインドの伝統から離れて独特の発展を遂げた。その発展は、三人の中国僧（曇鸞、道綽《どうしゃく》、善導）に負うところが多い。

曇鸞（五～六世紀）は『浄土論』（『往生論』）を注釈したが、その曇鸞の影響を受けた道綽（六

～七世紀）は『観無量寿経』を解釈して『安楽集』を著した。道綽の弟子である善導（七世紀）は、『観無量寿経』は阿弥陀仏を観想しながら念仏を唱えること（観想念仏）ではなく阿弥陀仏の名を唱えること（称名念仏）を勧めている経典であると主張した。このようにして中国において称名念仏を中心とする浄土信仰が確立した。今日の中国の仏教においても阿弥陀信仰は盛んだ。

中国の浄土教は日本の浄土教に多大な影響を与えた。親鸞が「正信偈」の中で述べる日本の二人の僧は『往生要集《おうじょうようしゅう》』の著者源信《げんしん》と親鸞の直接の師である法然だ。日本において浄土宗を開いた法然は特に善導から、法然の弟子であり浄土真宗を開いた親鸞は曇鸞および善導から多くの影響を受けている。

では、なぜ仏に帰依し、名前を呼び続ける、というような形の仏教が生まれたのか。この問題を次項で考えたい。

清代に作られた26メートルの弥勒菩薩立像。北京の雍和宮万福閣にて

95　仏の名を呼ぶこと――帰依を表明、極楽浄土へ

ブッダは「私に帰依するならば、あなたは悟りを開くであろう」とは言われなかった。「私の名を呼び続けるならば、あなたは死後、私の国に生まれるであろう」とも言われなかった。だが、浄土信仰あるいは阿弥陀信仰では、「阿弥陀仏に帰依して、その名を呼べば死後、阿弥陀の国である極楽浄土に生まれる」と言う。大乗仏教の初期に生まれてきたこの阿弥陀信仰はそれまでの初期仏教と大きく異なっている。

その違いはおおまかに言って次の三点だ。

（一）死後の世界に焦点が当たっていること。

（二）自己の修練を捨てて仏に帰依すること（名を呼ぶことは帰依の表れである）。

（三）仏は光明に他ならないと言われること。

ゴータマ・ブッダは弟子たちが死後の世界にかかわることを戒めたと言われる。一方、浄土教では明らかに「後生」の問題が重要となっている。この違いは、浄土教を取り巻く当時の社会情勢の影響だと思われる。

紀元前後から一、二世紀にかけて西アジアでは文化・宗教上の大変革が起きていた。古代ペルシャのゾロアスター教、ゾロアスター教と深い関係にあり、特にローマ帝国の兵士たちに広まっていたミトラ（ミトラス）教、さらにはそれより影響を受けた初期キリスト教が西北インドの西隣にあって勢力を競い合っていた。

これら三つの宗教は個々人の死後の世界の問題に深くかかわっていた。一方で、ゾロアスター教やミトラス教の神が光と深く関係することはよく知られている。インドにおける浄土信仰あるいは帰依の思想はこれらの西アジアの宗教の影響を受けたと思われる。

帰依を重視する中国浄土教の流れは、インド仏教の流れから独立しているように見えるが、帰依はインド仏教においても後世、一般的なものであった。また、一、二世紀以降、ヒンドゥー教においても帰依（バクティ）が重要な崇拝の形となった。

『心経』の刻まれた明代（1482年）の墓碑。中国、昆明の圓通寺にて

称名は帰依の表現である。『般若心経』の真言も女神般若波羅蜜多の名を称えること（称名）であった（第46項）。今日のヒンドゥー教のヴィシュヌ派では神の名を称えること（キールタン）が一般に行われている。浄土信仰は西アジア文化の影響を受けたインドから中国、日本に至った。

96　華厳宗の思想——万物は依りあって存在

五十年以上も前、名古屋の東海高校に林霊法《はやしれいほう》という校長先生がおられた。

先生は坊主頭の生徒を前にして「キェルケゴールの実存主義ではだめだ。カール・マルクスも人間を正しく見ていない。仏教の『華厳経』が人類を救うのだ。この経典によれば、世界は縁起の理法によって成り立っており、縁起の理法という宇宙の生命によって人間は生かされている」と熱弁を振るっておられた。

『華厳経』は紀元一、二世紀から四世紀頃までに作られた大部な経典であり、集大成は西域地方のコータンでなされたという説が有力だ。五世紀の初めには中国語に翻訳された。

この経典では毘盧舎那仏が、すべてのものは依りあって存在している、つまり縁起の関係にある、と述べている。

初期仏教では、縁起とは無明（迷い）に依って行（勢い）が生まれ、行によって認識が生まれ、やがて老死に至るというように、心身の形成のプロセスを語る思想であった（第17項）。

大乗仏教にあっては「縁起」は無明・行・識云々という連なりのみを指すのではなく、より広い意味に用いられた。例えば、生まれることと生まれるもの、歩く動作と歩く人、薪と火などの関係も縁起と呼ばれるようになった。

『華厳経』が中国にわたると、その地ではこの経典に基づいて華厳宗が生まれた。この教学の大成者が法蔵（第93項）である。インドには華厳宗は存在しなかった。

中国の華厳宗では「すべてのものは縁起の関係にあり、融通《ゆうずう》無碍《むげ》である」と考えられた。林先生の「縁起の理法」は中国の華厳思想に基づいていたと思う。

ところで、すべてのものが縁起の関係にあると主張するのみでは救いにはならない。宇宙の生命がすべてに満ちているのは事実だが、そう言っても人類は救われない。生命が尊いゆえに戦争をするな、と言うことは可能だ。だが、互いにそう言いながら人々は戦争をしてきた。

どのような意味で、縁起の思想が生命の尊さを主張できるのか、が現代の仏教、特に日本仏教の課題であろう。

明代の青銅立体マンダラ。
北京の雍和宮境内にて

97　天台宗の思想――「一念三千世界」を説く

中国天台宗の思想は智顗によって確立された。彼は『法華経』を空思想によって解釈したが、その空思想はインドの龍樹の『中論』に基づいていた。

『中論』第二十四章は「縁起を空性と呼ぶ。それは仮説であり、中道である」と言う。縁起の関係によって成り立っている世界は、実体を欠く（空である）というのである。仮説とは、ものは実体を欠くが、言葉によってその存在を仮に説くことである。

『中論』の中の「それ」が空性を指すのか縁起を指すのかに関して古来、異論がある。大まかに言えば、龍樹以後のインドでは空性を指し、中国では縁起を指すと解釈された。中国では一般に『中論』の羅什訳が用いられており、羅什の漢訳では「それ」が何を指すのかはっきりしなかった。この解釈の違いは思想の構造の違いを生んだ。つまり、インドでは、縁起（現象世界）は空性により否定を受けた後、蘇《よみがえ》って仮説となる。それが中道であると考えられた。

中国的解釈では、

（一）縁起（現象世界）は、空性（無）である。

（二）縁起は、仮説（有）である。
（三）縁起は、中道（無かつ有）である。

と考えられた。

インドでは、空性を体験しようとする実践が一続きの行為として考えられた。つまり、迷いの世界が空性によって浄められ、悟りの光に接したものとして再生すると考えられた。

中国でもむろん迷いから悟りへと至るという修行のプロセスの側面がまったく考えられなかったわけではない。だが、天台では『中論』第二十四章の偈《げ》は縁起の有する三つの側面を列挙していると解釈された。少なくとも先に挙げた一から三が一続きの過程を述べているとは考えられなかった。

このような中国的解釈では、歴史を時間的な変化・発展として捉えるのではなく、ある時点における世界あるいは社会の俯瞰図《ふかんず》を重視する傾向を生む。天台宗では「一念に三千世界あり」という。これは、ある時点においてすべての世界を含ませてしまう考え方だ。

元朝末に作られた皇帝の通用門居庸関（きょようかん）の雲台の壁に見られる大日のレリーフ。北京郊外

98　韓国の弥勒像——国宝83号は広隆寺に酷似

京都の太秦《うずまさ》にある広隆寺を訪れた。きれいに掃き清められた境内のたたずまいからは千年以上の長い歴史が感じられた。

ここの宝物館（新霊宝殿）では有名な木製の「弥勒菩薩半跏思惟像」を拝することができる。「半跏」は一般に右足を左の腿に載せた姿をいい、「思惟」は人々のために思案することをいう。

この像のことをドイツの哲学者K・ヤスパースが、最も清浄な、円満な、永遠な姿、人間実存の最高の理念の表現だ、と称賛したことはよく知られている。妻はこの像が宝物館に移される前にごく近くで「会って」おり、「友達のようだった」と自慢する。

残念ながら、私の場合は像の「生々しい」印象が三か月経っても消えない。

実はこの飛鳥《あすか》時代の像が「弥勒」であるか否かは不明なのだ。右手を頬に近づけて半跏で思案する姿はすでにガンダーラ彫刻にある。しかし、それらの内、弥勒像であると確認できる像は今のところない。一方、この姿の観自在菩薩が存在したことはかなりはっきりしている。

中央アジア、中国を経て、六、七世紀には朝鮮半島において半跏思惟の弥勒像が流行した。

その歴史的経緯はよく分かっていない。韓国の国立中央博物館には金銅の「弥勒半跏思惟像」が幾体も所蔵されている。その内、国宝83号は広隆寺の弥勒像とよく似ており、そのモデルとなったと思われる。

広隆寺には「朝鮮半島からもたらされた」という弥勒半跏思惟像もあるが、「日本で作られた」という説もある。日本では七世紀頃、盛んに弥勒半跏思惟像が作られたが、朝鮮半島からの影響が考えられる。広隆寺の「弥勒」は体を前かがみにしているが、同寺にある如意輪観音像は背筋を延ばし、右手を頬に近づけている。右手を頬に近づけるのは、思案と言うよりもヨーガの行法の一つで、指の先から耳の下の急所に気を送って「気を巡らせる行法」である。背筋を曲げるとヨーガはできない。

韓国には西チベットなどに見られる弥勒立像と同様の弥勒大仏の姿も伝えられている。

岩に彫られた弥勒立像。
韓国の慶尚北道松仙里山（正木晃氏提供）

第四章　日本に花開いた仏教

沙羅（サーラ）の樹の葉で作った皿
ブッダは沙羅の樹の下で涅槃に入った。カトマンドゥにて

99　日本の仏教——その家の祖先の遺骨を祀る

カトマンドゥ盆地のスワヤンブー仏塔（第70項）の丘の西側に小さな丘がある。そこにはチベット仏教寺院がいくつかある。その丘の上で、奇妙なものを見つけた。レンガ造りの小さな建物の窓から「肉マン」形の素焼きあるいは乾かした土がこぼれている。建物の中にはその「肉マン」が詰まっていた。

それはチベット仏教で「ツァツァ」と呼ばれる仏塔の一種であった。荼毘に付した後の遺灰を土に混ぜ、小さな仏塔を造り、焼くか、天日で乾かしたものだ。

ツァツァには死者の個我性はもはやない。死者は「何々家の何某《なにがし》である」ことを止めて、「ブッダの中に溶け入る」のである。一般には、仏塔の周りに置かれたツァツァの数が多くなると、ツァツァを仏塔に塗りこめて仏塔を大きくする。

チベット仏教において死者に対する儀礼が行われないわけではないが、「何々家祖先」であるという側面は強くない。これは、死者の魂は輪廻すると信じられていることにもよるが、日本のように法事を通じて「家」の伝統が守られてきたわけではなかったからだ。したがって、チベット仏教では日本でのようにそれぞれの家がその祖先の遺骨を祀るということはない。日本には三重塔や五重塔が建てられている。当然、これらはインドの仏塔の伝統を受けている。インドの仏塔の本体は、土饅頭型をしており、「卵」（アンダ）と呼ばれた。この「卵」は日本の仏塔では、最上層の屋根の上にある「鉢を伏せたようなもの」（伏鉢《ふくばち》）に対応する。

土に遺灰を混ぜて焼いたツァツァ。スワヤンブーにて

　だが、日本では仏塔といえば三層、五層の建築物のことであり、最上層の屋根の上の伏鉢が仏塔の本体であるとは考えられない。まして、伏鉢が世界やブッダの身体のシンボルとは考えられない。

　チベット仏教では日本のような墓はない。江戸期以降の日本では家ごとに墓が建てられた。細長い板で卒塔婆《そとば》も作られるが、これはサンスクリットの「ストゥーパ」（仏塔）が訛った語である。日本において卒塔婆は「まだ生前の家の一員」であることを示すための印である。チベット仏教では位牌も作られない。

100　最澄——晩年、奈良仏教の学僧と論争

時おり時代は巨人を生む。幾世紀の先を見越して自分に許された時間を駆け抜けてしまう人物を生む。最澄《さいちょう》と第102項で扱う空海はまさにそのような巨人であった。しかも、この二人のパイオニアは同時代に生まれた。

最澄は七六七年（あるいは七六六年）に生まれ、八二二年に没した。彼は十四歳で剃髪して仏門に入り（得度し）、十九歳の時、東大寺で具足戒を受け国家公認の正式の僧（比丘）となった。つまり、国家から給料をもらう身分となったのだった。

だが、わずか三か月で東大寺を去り、故郷の近くの比叡山《ひえいざん》に入ってしまう。この山は奈良時代から山林修行の場として知られていた。

当時の東大寺といえば今日の有名な総合大学にあたる。その大学よりも山林あるいは山の方が修行の場として優れていると最澄は考えたのであろう。彼の山林修行の重視は生涯続いた。

山林修行に入った最澄は、しかし、奈良仏教や朝廷と無関係になったのではない。三十一歳の時には宮中の儀式に参加する終身栄誉職である内供奉《ないぐふ》に任ぜられた。

彼に唐に渡るチャンスが訪れた。八〇四年、彼の乗った船は明州（寧波）に到着した。同じ船団の違う船には空海が乗っていた。彼は還学生《げんがくしょう》、いわば視察係の役を果たし、帰国する。

最澄の思想は『法華経』と中国の天台大師智顗（第97項）の教学に基づいている。日本の天台宗は言うまでもなく中国の天台宗に因んで名づけられた。

彼は、諸法（現象世界）がそのままで真実であり（諸法実相《しょほうじっそう》）、すべての人に仏になる可能性があると主張した。

晩年、最澄は空海との友好を絶つが、その後死までの数年、奈良仏教の学僧の徳一《とくいつ》と論争を行う。そして、比叡山に大乗の戒壇院を建設する許可を朝廷に願い出た。僧はインド初期仏教のように二百を超す戒を守る必要がないという主張である。

旧勢力の奈良仏教は猛反発した。だが、最澄の死後、朝廷はそれを許した。後世、この寺からは法然、親鸞、日蓮《にちれん》など日本仏教の指導者が輩出した。

4

胎蔵曼荼羅の阿弥陀如来。
『大正大蔵経』図像部より

101　平安仏教——教えの日本化、進める

桓武《かんむ》天皇が平安京に都を移した七九四年から鎌倉幕府が成立した一一九二年までが、平安時代と呼ばれる。

奈良時代までの仏教では、インドや中国から伝えられた仏教を理解しようと努力する側面が強かったが、平安時代には、インドから遠く離れた極東のわが国で自己流の仏教が生まれた。「仏教の日本化」である。

この日本化の基礎は、平安仏教の二人のチャンピオン、最澄と空海によって築かれた。すなわち、この二人は、中国やインドの仏教を学びながらも、日本の文化の伝統に「合う」ように仏教を作り変えたのである。

日本に仏教を伝えた中国や朝鮮が、インド仏教のすべてを受け入れたわけではない。日本が中国・朝鮮の仏教のすべてを受け入れなかったのと同じだ。日本がそのまま導入できたインド仏教の理論や実践形態は驚くほど少ない。

日本化した仏教の特色は、森羅万象が実相（真実の姿）であると捉えたことだ。眼前に見る

樹木や山が、さらには動物の身体が「そのまま」で真実（真如《しんにょ》）の姿を示しているというのであり、これらのものの背後に創造者が存在するのではないという。

この考え方は「諸法実相」と呼ばれてきた。最澄はこの思想を『法華経』から学んだが、空海もマンダラの伝統からそれを学んだ。

諸法（世界）が実相であるとは、世界（自然）が「人間たちのより良い生活のために」存在するということではない。自然はしばしば過酷だ。大飢饉《だいききん》もあれば、大震災も起きる。自然が運動体であることは誰も否定できない。だが、それがどこに向かっているかは誰にも分からない。樹や人間は、生物学的に見て生命体だ。だが、その生命の「目的」を何人も知らない。「目的」という概念すら成立しないのかもしれない。

仏教の伝統は、世界がそのままで貴重なものだと教える。「貴重なものであること」は人間の行為を俟《ま》って初めていえることだ。つまり、「貴重なもの」とするのは、われわれの行為なのだ。人間の行為を離れて自然の「命」があるか否かを語ることはできない。

胎蔵曼荼羅の大日如来。
『大正大蔵経』図像部より

102 空海——偶然と謎でできた巨人

最澄と並んで仏教を日本流に作り変えた先達は、空海であった。空海以前の日本にも「密教」が存在しなかったわけではない。しかし、空海の時代には唐にインドから新しい仏教が伝えられていたことが分かっていた。空海はその新しい仏教に触れたいと思い、唐に渡る機会を待った。

機会は偶然に、あるいは彼が望んだとおりに、訪れた。八〇三年、最澄を載せた遣唐使船が暴風雨に遭い、戻ってきてしまった。翌年、最澄は九州の田浦《たのうら》から再出発した。最澄の船とは別の船に空海の姿もあった。前年の船団が嵐に遭わなければ、空海は八〇四年の船に乗ることはできなかった。

空海は書の達人であり、中国語に堪能であった。彼がどこで中国語を習ったのかは明らかではない。山林を駆け巡っていて外国語ができるようになるわけがない。

当時、留学生《るがくしょう》の期間は二、三十年と定められていた。留学費用が空海に支給されたとしても、充分ではなかったはずだ。だが、彼はかなりの額の費用を得て出発している。そうでなければ、唐においてあれほど多くの書籍や法具を購入できなかった。一介の修行者がどのようにしてその資金を得たのか。それは今日も謎だ。だが、この巨人の前ではそのような謎は謎ではない。何しろこの人物は偶然と謎でできていたのだから。

空海は七七四年、現在の香川県善通寺《ぜんつうじ》市に生まれた（異説もある）。十八歳で大学（律令制の最高学府）に入学したが、中退し、山林で修行した。日本古来の山岳宗教の行法を学んだと思われる。

唐に二十年以上滞在するはずだった空海は、八〇六年、帰国する。もしもこの時に帰っていなければ、弘法大師空海は存在しなかった。

空海の思想の核心は「この現象世界はマンダラである」ということだ。彼は地・水・火・風・空間および認識という六要素によって世界が構成されており、それがどのような形をとろうとも、それはマンダラだという。この思想は、世界はものが依りあって生じた、つまり縁起せるものだ、という考え方と等しく、また縁起せる世界は真実という考え方（諸法実相）に近い。

大悲胎蔵大曼荼羅・長谷寺版。
『大正大蔵経』図像部より

103　鎌倉仏教――哲学捨てた「選び」の信仰

一一九二年、源頼朝が征夷《せいい》大将軍に任ぜられて鎌倉幕府が成立し、鎌倉時代は一三三三年まで続いた。この新しい時代の仏教はそれ以前の平安時代の仏教とは異なっていた。

この時代にそれ以前の仏教がまったく否定されたというわけではない。平安仏教も活躍を続けていたのであり、平安仏教は鎌倉時代の初期に完成されたという側面さえ見られる。例えば、平安時代に盛んであった密教の仏像の傑作は鎌倉時代のものが多い。教義や修行形態においても、卓越した多くの人物が旧仏教の中から現れた。鎌倉初期に、奈良・平安仏教の伝統は自らを蘇生《そせい》させていたのだ。

このような状況の中で法然や親鸞の浄土教信仰、栄西《えいさい》や道元《どうげん》の禅、日蓮の法華信仰、一遍の念仏の運動などが生まれた。これらの新しい信仰運動は、旧仏教からの反目と戦わねばならなかった。だがその中で旧仏教との「対話」があったからこそ、「新しい仏教」がありえたのだ。だが、安土桃山時代以降、新旧対立の構図は見られない。仏教がインド以来持ち続けてきた哲学と修行階梯の理論の充実への歩みは進まなくなった。

法然や親鸞の信仰は一言で言って「選び」だ。法然（一一三三～一二一二年）九歳の時、父が殺された。「敵を恨むな」という父の遺言に従って、彼は十三歳の時、比叡山に登り、天台教学を学んだ。四十三歳、中国の善導（第94項）が書いた『観無量寿経』の注釈を読んだ時、彼に転機が訪れた。法然は瞑想も、儀礼も、マンダラも、そして哲学も捨てて、念仏を選んだ。「神の名を呼び続ける」帰依の態度はインド、チベットでは一般的な行法・実践であるが、インドやチベットの仏教徒たちは哲学も修行も捨ててはいない。

金剛界九会（くえ）大曼荼羅・長谷寺版。
『大正大蔵経』図像部より

法然の時代には、念仏だけを選んだことは有効だったかもしれない。だが、現代の仏教には科学、自然、民族、社会についての理論的考察が必要だ。「仏教は個人の心の救いのみにかかわるべきだ」というのは正しくないであろう。法然が捨てたものを見直す時だと思う。哲学や修行があっても念仏は可能なはずだ。

104 親鸞――はからいを捨てること

親鸞（一一七三～一二六二年）の生涯はよく分かっていない。親鸞の妻恵信尼《えしんに》の書状は彼がかつて比叡山で常行三昧《じょうぎょうざんまい》を行う僧であったと伝えている。つまり、彼の務めはかの第三世天台座主円仁（七九四～八六四年）が建立した常行三昧堂内の仏像の周りを、念仏を唱えながら歩き続けることであったと考えられる。

一二〇一年、親鸞は山を降り、都の六角堂で百日間の参籠に入った。九十五日目の晩、救世《くぜ》菩薩としての聖徳太子が現れたという。その朝、親鸞は吉水《よしみず》の法然のもとに走り、弟子となった。その後、阿弥陀信仰の道を歩いた親鸞は、娘たちの将来のことを同朋《どうぼう》に託して京都で亡くなっている。

親鸞の阿弥陀仏信仰の核心は、はからいを捨てることだ。厳密にいえば、はからいを捨てることも捨てることである。そのようなあり方を親鸞は自然法爾《じねんほうに》と呼ぶ。むろん彼にとって「はからいを捨てる」とは、何もしなくてぼんやりしていることではない。

はからいを捨てるためには努力が必要だ。しかし、「努力」とは、自分を頼む行為すなわちはからいである。「はからいを捨てる」ためには「はからい」が必要だ。

では、自分を頼むことなくして、阿弥陀仏に自分のすべてを任すことはどのようにして可能なのか。彼の方法はもっぱら阿弥陀の名を呼び続けることであった。神の名をもっぱら呼び続けることはインドから続く帰依（バクティ）の道でもあった。

インド初期大乗仏教には阿弥陀仏の浄土を見ようとするヨーガの行法があった。だが、親鸞は、ヨーガによって仏を見ようとすること（見仏）を拒絶した。「はからいを捨て、己れのすべてを阿弥陀如来に捧げる」という親鸞の帰依にとって、ヨーガにより仏を見ることあるいは仏になろうとすることは、人間の思い上がりであった。

チベット風仏伝図の中で描かれた忉利天から降下するブッダ（個人蔵）

105　道元――すべての人が仏としての本質そのものである

栄西（一一四一～一二一五年）の開いた臨済禅に続いて道元（一二〇〇～一二五三年）は曹洞禅《そうとうぜん》を開いた。道元の父は内大臣久我通親《こがみちちか》、母は関白基房《もとふさ》の娘であった。十四歳の時、天台座主公円について剃髪した。次いで建仁寺《けんにんじ》に移り、一年あまり栄西に就くことができた。

一二二三年から数年間、宋に渡り、曹洞禅を学び帰国する。永平寺で人々を導くこと十年、病を得て京に移るが五十四歳で没した。

初期仏教の僧たちの実践方法であった広義のヨーガは、インド後期仏教まで生きており、さらに仏教が伝播した全地域において最も基本的な実践方法の一つとして今日に生きている。中国や日本の禅はインドのヨーガの伝統を受け継ぎながら、それぞれ独自の発展を遂げた。

道元はその主著『正法眼蔵《しょうぼうげんぞう》』の中で『涅槃経』の有名な句「一切衆生　悉有仏性《しつうぶっしょう》」を引用している。しかし、彼は通常の読み方に従って「一切の衆生はことごとく仏性（仏としての本質）を有する」とは読まないで、「一切の衆生なる悉有（すべてのもの）は仏性なり」と彼独自の読み方をした。

チベット風仏伝図の中で描かれた涅槃に入ったブッダ（個人蔵）

ここの「悉有」とはすべての人間をいうのであって、山川草木をいうわけではないという解釈もあるが、いずれにせよ、不変の本質としての仏性がすべての人に存するというのではなくて、すべての人が仏としての本質そのものであるというのである。このような考え方は日本仏教全体を貫く「諸法実相」（もろもろのものは本質の姿を示している）という考え方と通ずるものがある。

インドのヨーガの伝統にあって自然はそれほど重要な位置を占めていないようだが、道元禅をはじめ日本の禅にあっては現前の自然の中にどのように溶け入るかが求められているように思われる。インドのヨーガ行者が瞑想の中で求めた霊我（プルシャ）を日本の禅はわれわれの生命を支えている場すなわち自然の中に求めたといえよう。自然に心を向けなかった親鸞と対照的である。

106　日蓮――生涯を貫く権力への抵抗

『法華経』についてはすでに触れた（第44項）。この経典は中インドにおいてはそれほど有名にはならなかったようであるが、中央アジア、中国、朝鮮さらに日本では独特の位置を占めてきた。最澄が開いた天台宗の教学も『法華経』に基づいている。

般若経典類は「世界は空である」と繰り返し、浄土経典類はこの世界を超えた阿弥陀仏の浄土、つまり「死の世界」の美しさに生まれることを勧める。『法華経』は一貫して一つのテーマを追っているわけではないが、この経には地の底から湧《わ》いてくるような力がある。浄土を讃えるのではなく、この娑婆世界における行為に人を駆り立てるよう勇気づける何ものかがある。

このような『法華経』の現世主義的な側面を、法華宗（日蓮宗）の開祖日蓮（一二二二～一二八二年）は重視した。日蓮は安房国《あわのくに》（千葉県南部）の漁師の家に生まれた。幼くして近在の清《せい》澄寺《ちょうじ》で仏教を学び始め、十六歳で出家し、密教や浄土教を鎌倉や比叡山で学んだ。一二五三年四月、清澄寺に帰っていた日蓮は海上に昇る日輪を見て覚醒《かくせい》を得たという。

日蓮が布教活動を始めてまもなく、地震、飢饉、疫病などが相次いで起きた。彼は一二六〇年、『立正安国論《りっしょうあんこくろん》』をあらわし、北條時頼に送った。「『法華経』を唯一の正法として認めるべきだ」というこの書の主張は受け入れられず、当時日蓮が住んでいた鎌倉の草庵は焼かれてしまう。この後も幕府の彼に対する態度はますます硬化していった。このような権力への抵抗は日蓮の生涯を貫くものであった。

パタン、ラト・マチェンドラ寺院の赤観自在。
筆者制作の油彩

日蓮は「生きとし生ける者はすべてこの世において成仏できる、つまり仏となることができる」のであり、「菩提樹の下で悟りを開いたブッダは実は久遠の昔から成道していた仏である」という。これはまさに『法華経』のいわんとしていることであった。

終章　回帰するブッダ

夏椿
日本では沙羅の樹といわれている。淡路島にて

107　ブッダの生涯——常に仏教徒たちの出発点

ブッダの時代からの仏教史をたどりつつ、さまざまなブッダの姿をたずねてきた。どの時代、どの地域の仏教にも共通なものがある。仏教徒たちはブッダの生涯を思想の核心に据えてきた。シャカ族の太子は出家し、修行し、悟り、人々を導き、そして涅槃に入った。仏教徒たちは常にこの「ブッダの生涯」から出発した。歴史の中で仏教徒は時代の状況と取り組みながら、地域や民族の特徴を考慮しながら、「ブッダの生涯」をさまざまに解釈した。

ブッダの過去世を語るジャータカ物語では、太子の出家はブッダが猿や象の姿をとったことに対応し、他者のために自分を犠牲にしたことは、ブッダの涅槃に対応する。ブッダの涅槃は人々のための犠牲と捉えられた（第31項）。ここでは修行中のブッダに焦点が合わせられており、悟りを開いたブッダの涅槃は語られない。

浄土経典では、法蔵比丘が世自在王仏のもとで菩薩として修行した、という。これはゴータマが出家した後、修行したことの浄土教的解釈だ。法蔵は阿弥陀仏となり、浄土で説法されている、と述べられる（第37項）。肉体を持たない阿弥陀仏には、ゴータマの場合のように、荼毘に付したとか、遺骨を祀るために仏塔を造ったという話はないが、阿弥陀仏の浄土における説法は、ブッダの残した教えが「生きている」と人々が考えたことを示している。ここでは、涅槃に入ったブッダの働きが問題となっている。

銅製法界マンダラ。カトマンドゥ盆地、パタンのハク寺院にて

密教経典によれば、大日も当初は初心者であり、修行して如来となり、完全な悟りを得て、奇跡を示しながら衆生のために働いたのである。阿弥陀仏がこの娑婆世界から遠く離れた世界におられるのに対して、大日は世界を浄化しながら「聖化されたマンダラ世界」に住む。大日は、すでに涅槃に入ったブッダが蘇った姿である。

このように仏教史はブッダの生涯をそれぞれの立場から解釈してきた。では、それらのさまざまな解釈を踏まえて現代のわれわれはどのようなブッダ像を持つべきなのか。それを次に考えたい。

108 三人のブッダ——重なる釈迦、阿弥陀、大日

前述したように、ブッダは出家し、修行し、悟りを開いた後、四十五年もの間人々に教えを説き、八十歳の時、涅槃に入られた。要するに、ブッダは迷いの世界から出発し、悟りを得られ、その後、この世界のために働かれたのだ。

迷いから悟りへ、そして人々のための説法へ、という曲線を描いたブッダの生涯は図によって示すことができよう。私は便宜的に「ABC三点の図」と呼んでいる。

AからBに至る斜線はブッダが修行を始め、悟りに至った過程を示す。A点は出家、B点は悟りだ。ブッダは悟りを得た後も聖なる世界に止まり続ける。BからB′へと続く斜線は、ブッダが俗なる世界を否定し、浄化し続けたことを示している。B′点はブッダの涅槃である。

BからCへの垂直線は、悟りに至ったブッダが、他者つまり弟子たちのために説法を始めたことを示している。AからBに至るには長い時間が必要であったために、斜線が用いられるが、BからCに向かった行為が始まるまではほとんどの場合、時間がかからなかった。つまり、Bに至った瞬間あるいはその後すぐCへと向かった。それゆえ、BからCへの線は垂直なのであ

る。

　BからCへ向いたブッダの行為は、涅槃（B′）の時まで続いた。ブッダは悟りの後も人々のために説法された。つまり、BからCへの垂直線は涅槃まで無数にあったのだ。B′からC′への線は、ブッダ臨終の際におけるブッダの教えを示している。

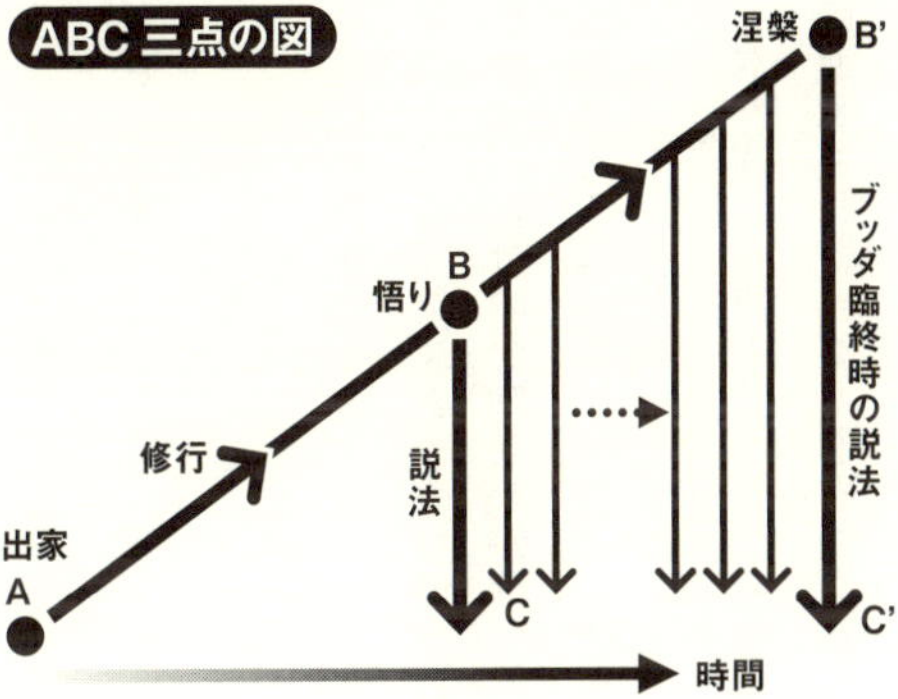

ブッダの生涯における出家・修行・悟り・説法・涅槃を示すABC三点の図

　AからB（B′）の方向は、世界から離れていく遠心的方向であり、BからCへの方向は世界に戻る求心的方向だ。

　ブッダの遠心的エネルギーは、後世、浄土信仰における阿弥陀仏と解釈された。一方、求心的エネルギーは密教における大日如来によって代表される。阿弥陀仏も大日如来もブッダの生まれ変わった姿なのだ。

　ブッダ、阿弥陀仏、大日という三人のブッダはつまるところ一人のブッダなのである。

あとがき

仏教の開祖ゴータマ・ブッダ（釈迦）のイメージは仏教史の中で著しく変わった。当初、弟子たちを導く師であったブッダは、人々の魂を救済する如来と考えられるようになる。これは、仏教史が自身の全歴史をかけて導き出した結論である。ゴータマ・ブッダは阿弥陀となり、大日如来ともなった。つまり、これらの三人のブッダは一人なのである。これが本書の結論である。

本書は、二〇一二年三月から二〇一四年三月まで百五回にわたって中日新聞および東京新聞に連載された「ブッダをたずねて」に加筆修正を行ったものである。連載中、中日新聞編集局の松本和久氏、東京新聞編集局の姫野忠氏にはお世話をいただいた。「ブッダをたずねて」が新書としてできあがったのは、新書編集部の椛島良介氏および伊藤直樹氏の舵取り《かじと》りのおかげである。なお船曳由美氏には連載記事を新書に、とご推薦いただいた。これらの方々に厚く御礼申し上げたい。

立川武蔵（たちかわ　むさし）

一九四二年名古屋生まれ。国立民族学博物館名誉教授。名古屋大学文学部卒業。名古屋大学大学院中退後、ハーバード大学大学院留学（Ph.D）。文学博士（名古屋大学）。専攻は仏教学、インド学。名古屋大学文学部、国立民族学博物館、愛知学院大学文学部で教授を務める。著書に『ヒンドゥー教巡礼』『聖なる幻獣』（集英社新書）、『中論の思想』（法蔵館）など多数。

ブッダをたずねて　仏教《ぶっきょう》二五〇〇年《ねん》の歴史《れきし》

集英社新書〇七五四C

二〇一四年九月二二日　第一刷発行

著者……立川武蔵《たちかわむさし》
発行者……加藤　潤
発行所……株式会社集英社
東京都千代田区一ツ橋二-五-一〇　郵便番号一〇一-八〇五〇
電話　〇三-三二三〇-六三九一（編集部）
〇三-三二三〇-六〇八〇（読者係）
〇三-三二三〇-六三九三（販売部）書店専用

装幀……原　研哉
印刷所……凸版印刷株式会社
製本所……ナショナル製本協同組合

定価はカバーに表示してあります。

ISBN 978-4-08-720754-5 C0215

Printed in Japan

a pilot of wisdom

a pilot of wisdom

集英社新書　好評既刊

百歳の力
篠田桃紅　0743-C

墨や金箔で描く抽象画が海外でも高い評価を得る。百歳を過ぎた今も現役で活躍する芸術家の初の人生訓。

釈迦とイエス　真理は一つ
三田誠広　0744-C

ふたりの教祖の教えには意外な共通点があった！　釈迦の「諦」、イエスの「隣人愛」を主に具体的に解説。

東アジアの危機「本と新聞の大学」講義録
モデレーター　一色 清／姜尚中

藤原帰一／保阪正康／金子 勝／吉岡佳子　0745-B

東アジアの危機的状況を、第一人者が的確に分析。地域的秩序を築くためのヒントが見える講義録を書籍化。

縄文人からの伝言
岡村道雄　0746-D

縄文研究の先駆者が、現代日本と縄文の連続性を独自の切り口で考察。縄文人に現代人が学べることとは？

不敵のジャーナリスト　筑紫哲也の流儀と思想
佐高 信　0747-B

冷静に語りかけ、議論を通じて権力と対峙した平熱のジャーナリスト、故・筑紫哲也の実像に今こそ迫る。

るろうに剣心―明治剣客浪漫譚―語録〈ヴィジュアル版〉
和月伸宏／解説・甲野善紀　034-V

『週刊少年ジャンプ』が生んだ剣客ファンタジーの志と反骨精神あふれる名セリフをテーマ別に紹介する。

美女の一瞬〈ヴィジュアル版〉
金子達仁／小林紀晴　035-V

被写体を「戸惑わせる」ことで引き出した、美女たちの新鮮な魅力に溢れる一冊。貴重な写真を多数掲載。

映画監督という生き様
北村龍平　0750-F

ゴダール、ケヴィン・コスナーも絶賛した画を撮り、ハリウッドに拠点を置いて気を吐く著者の生き様とは。

安倍官邸と新聞「二極化する報道」の読み方
徳山喜雄　0751-A

安倍政権下の新聞は「応援団」VS.「アンチ」という構図で分断されている。各紙報道の背景を読み解く。

日本映画史110年
四方田犬彦　0752-F

『日本映画史110年』の増補改訂版。黒澤映画から宮崎アニメ、最新の映画事情までを網羅した決定版。